EN EL JARDIN

ADULTOS PARA COLOREAR LIBRO MARIPOSAS Y FLORES EDICIÓN

Coloring Bandit

Publicado por Speedy Publishing Canada Limited

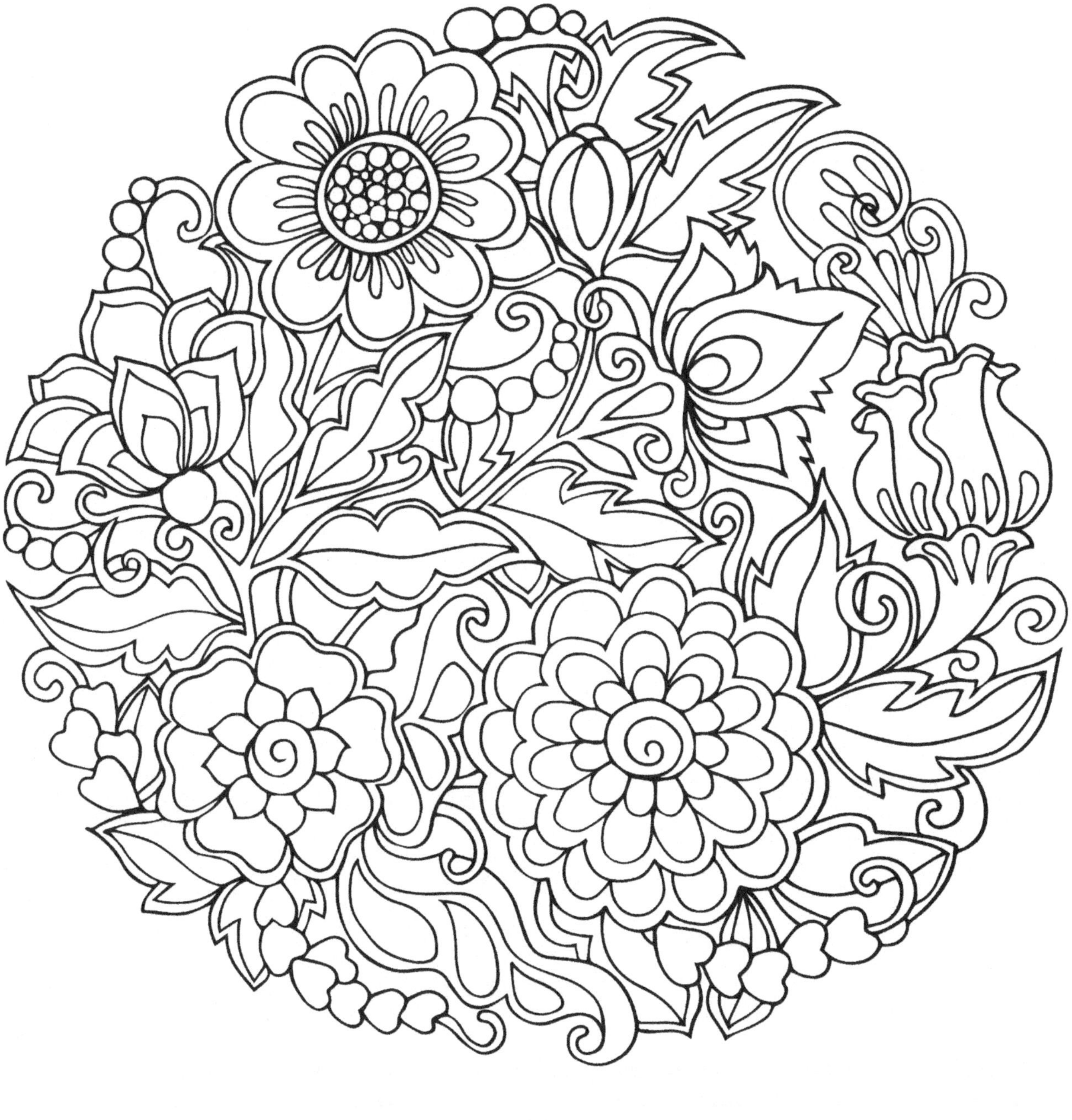

Se trata de un sangrado a través de la página si está usando un colorante marcador o pluma!

Encontrar otros títulos grandes por busca de Bandido Para Colorear en tu favorito libro minorista

Amazon.Ca | Barnes & Noble (BN.Com) | Libros 1 Millón (BAM.Com)

COLORING
BANDIT

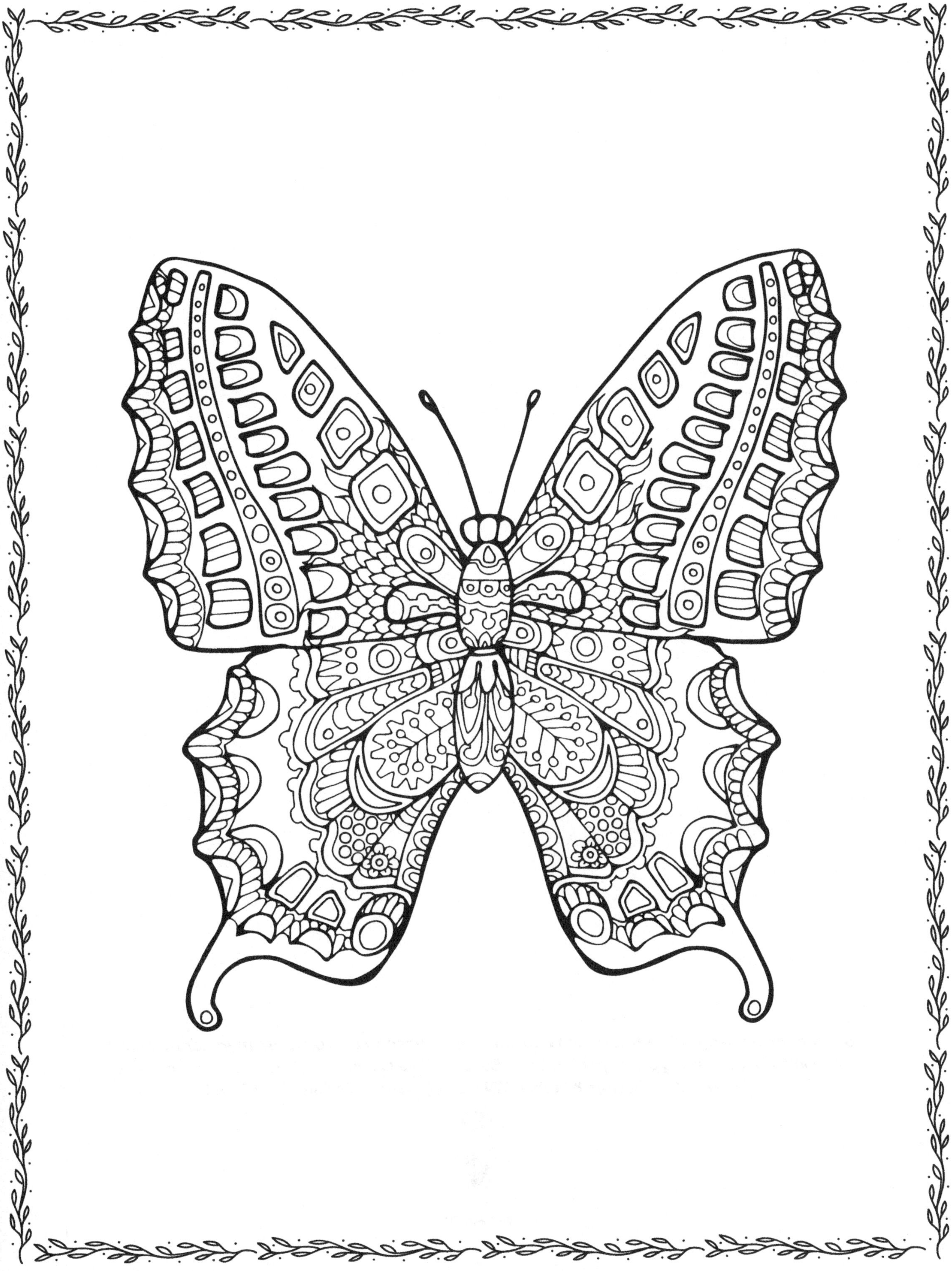

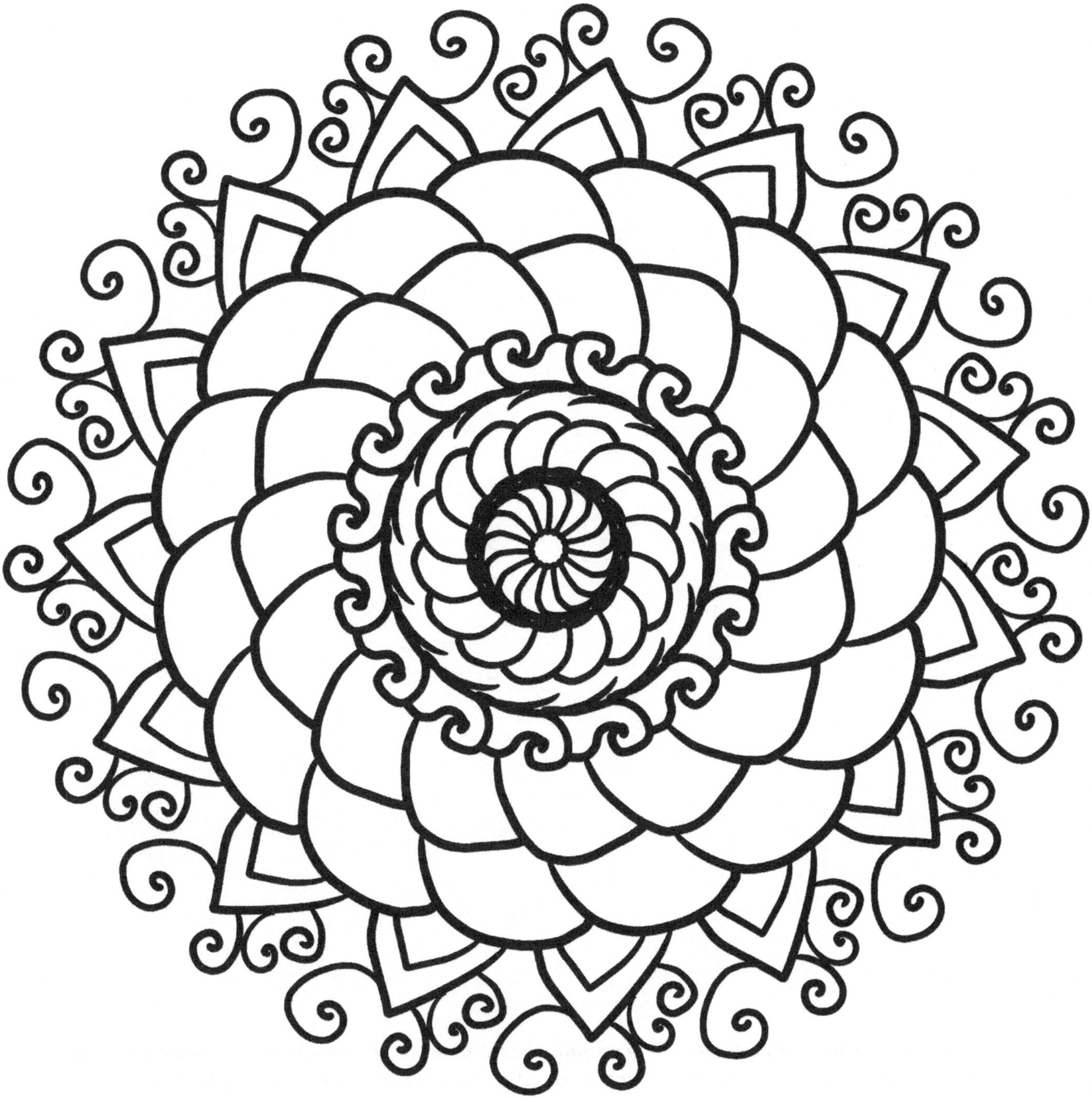

Se trata de un sangrado a través de la página si está usando un colorante marcador o pluma!

Encontrar otros títulos grandes por busca de Bandido Para Colorear en tu favorito libro minorista

Amazon.Ca | Barnes & Noble (BN.Com) | Libros 1 Millón (BAM.Com)

COLORING BANDIT

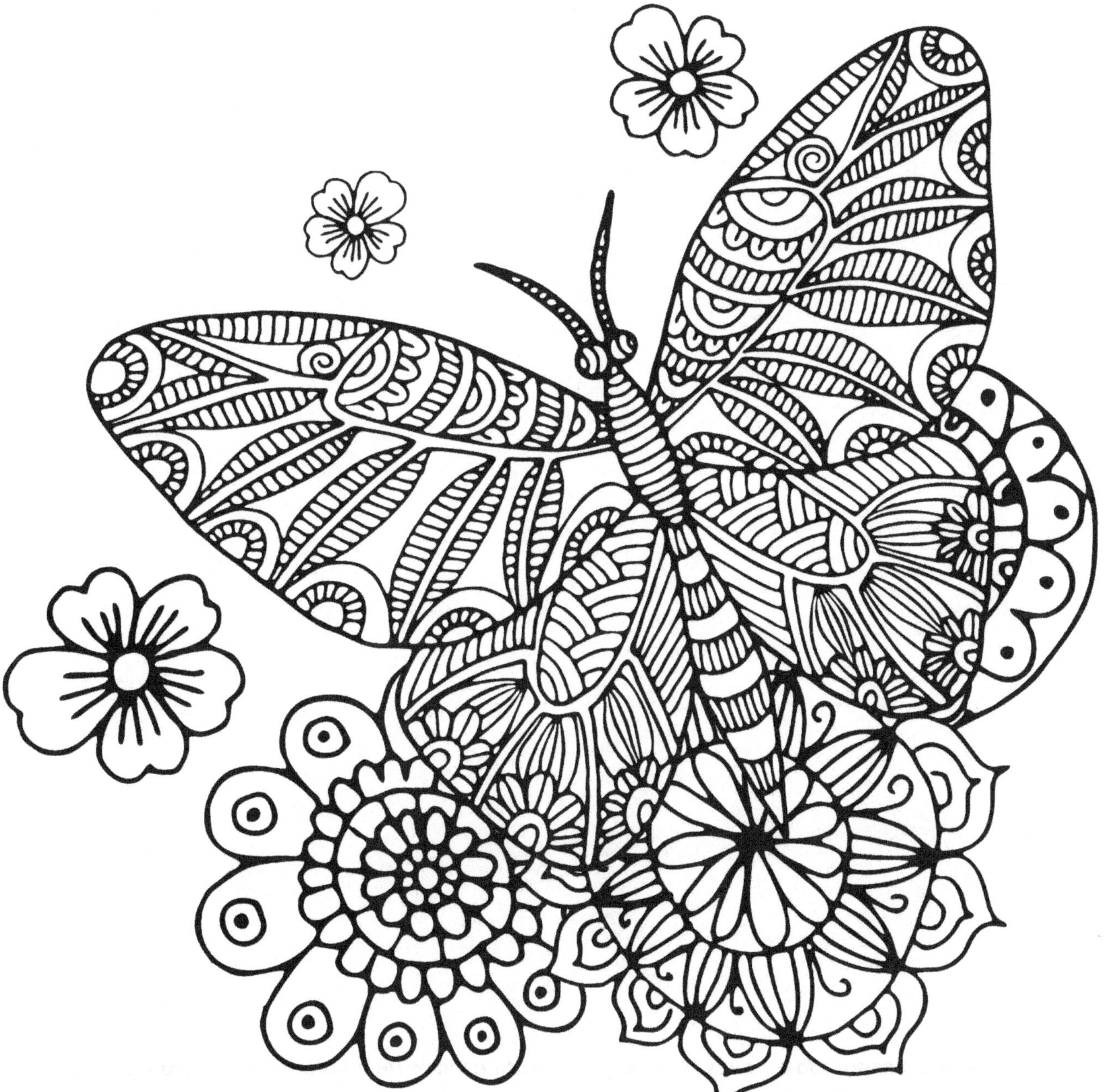

Se trata de un sangrado a través de la página si está usando un colorante marcador o pluma!

Encontrar otros títulos grandes por busca de Bandido Para Colorear en tu favorito libro minorista

Amazon.Ca | Barnes & Noble (BN.Com) | Libros 1 Millón (BAM.Com)

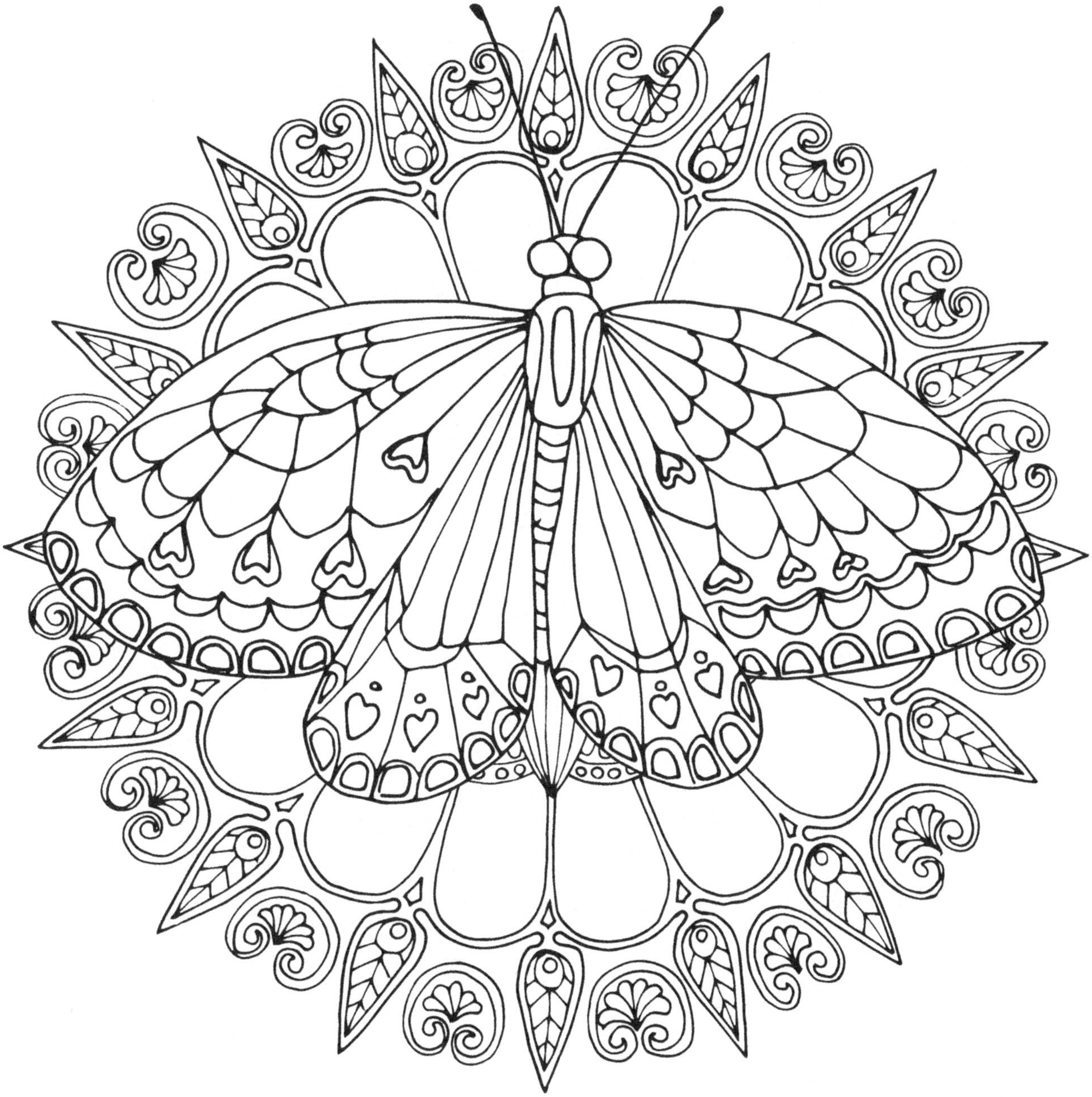

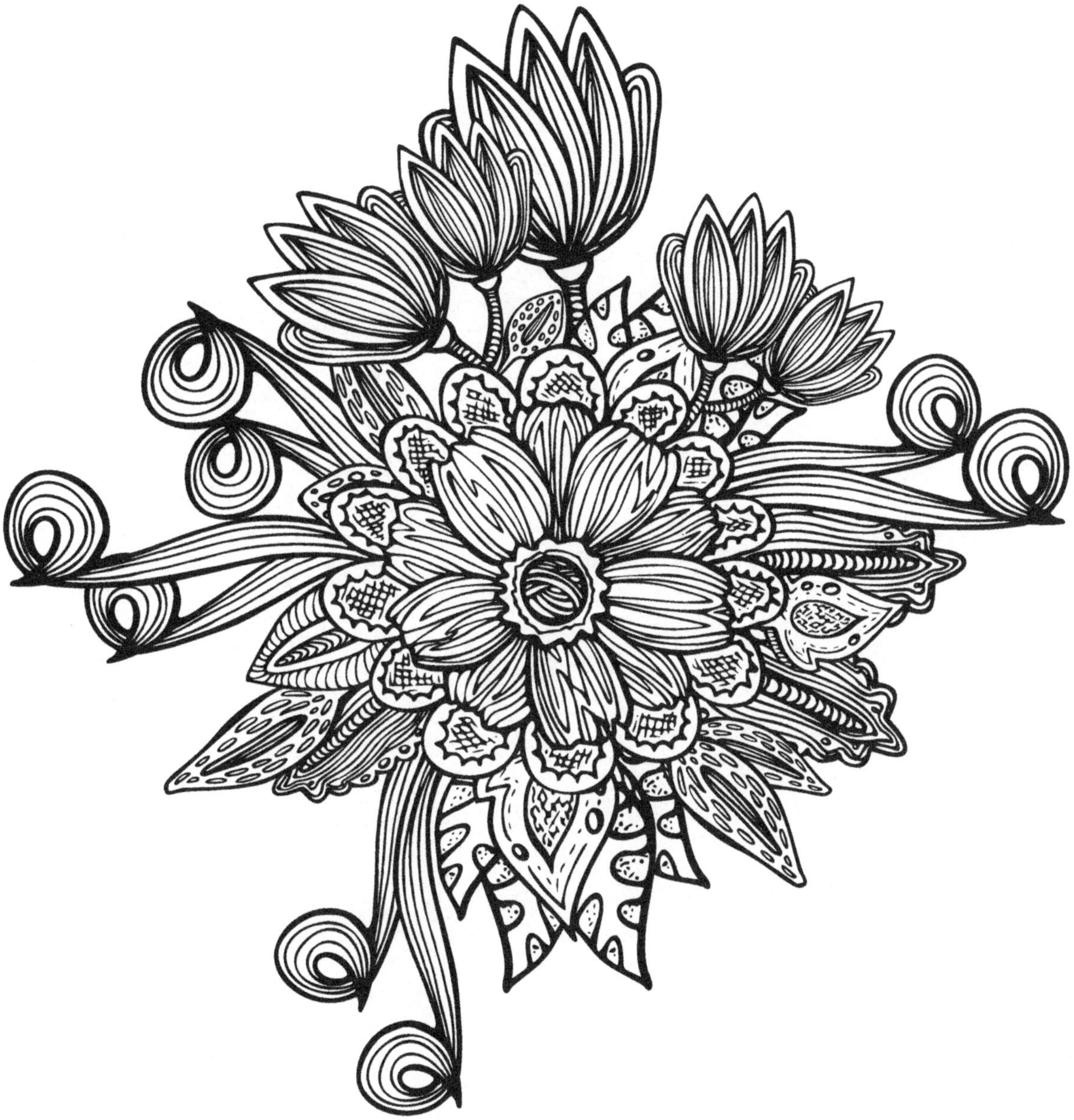

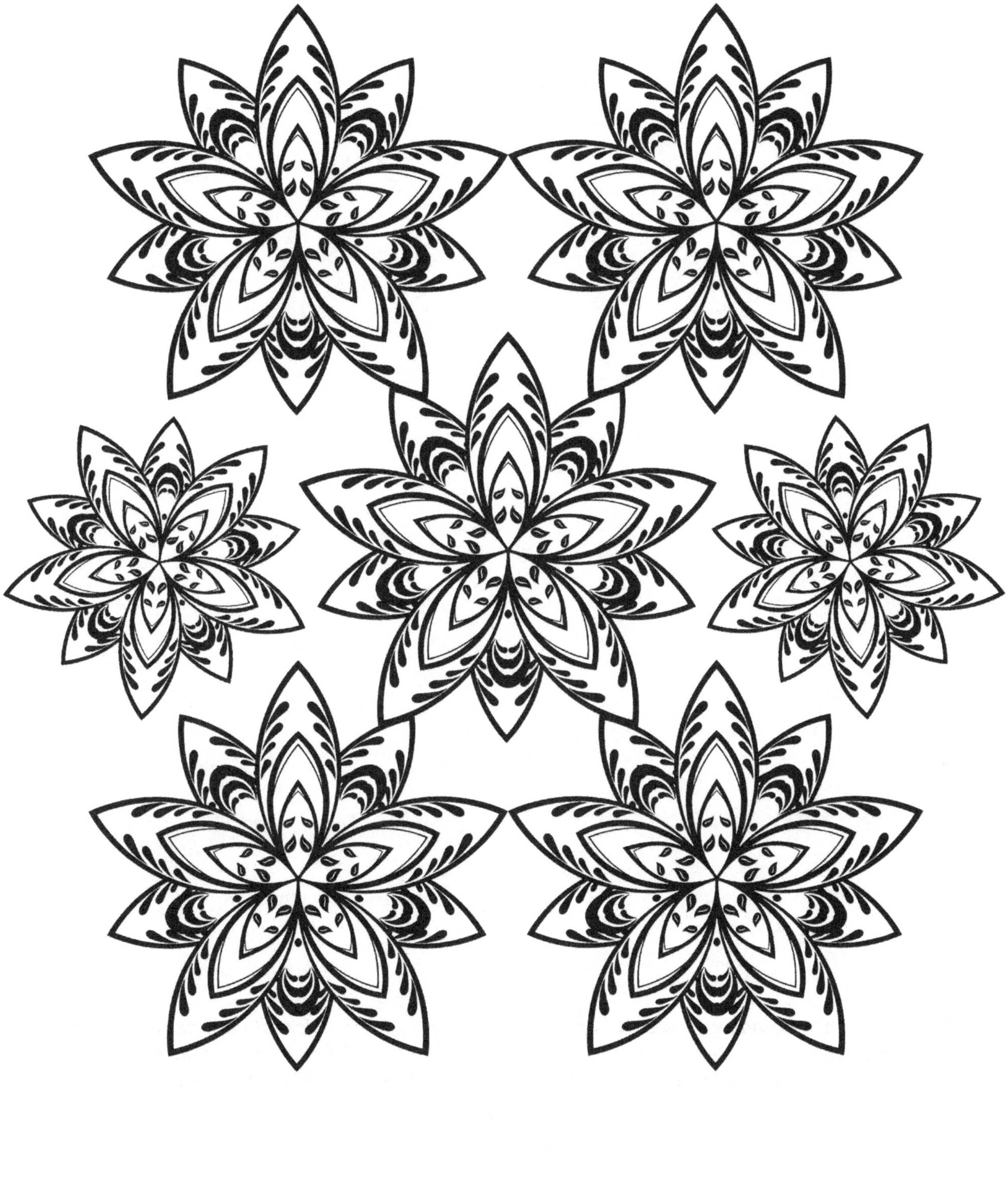

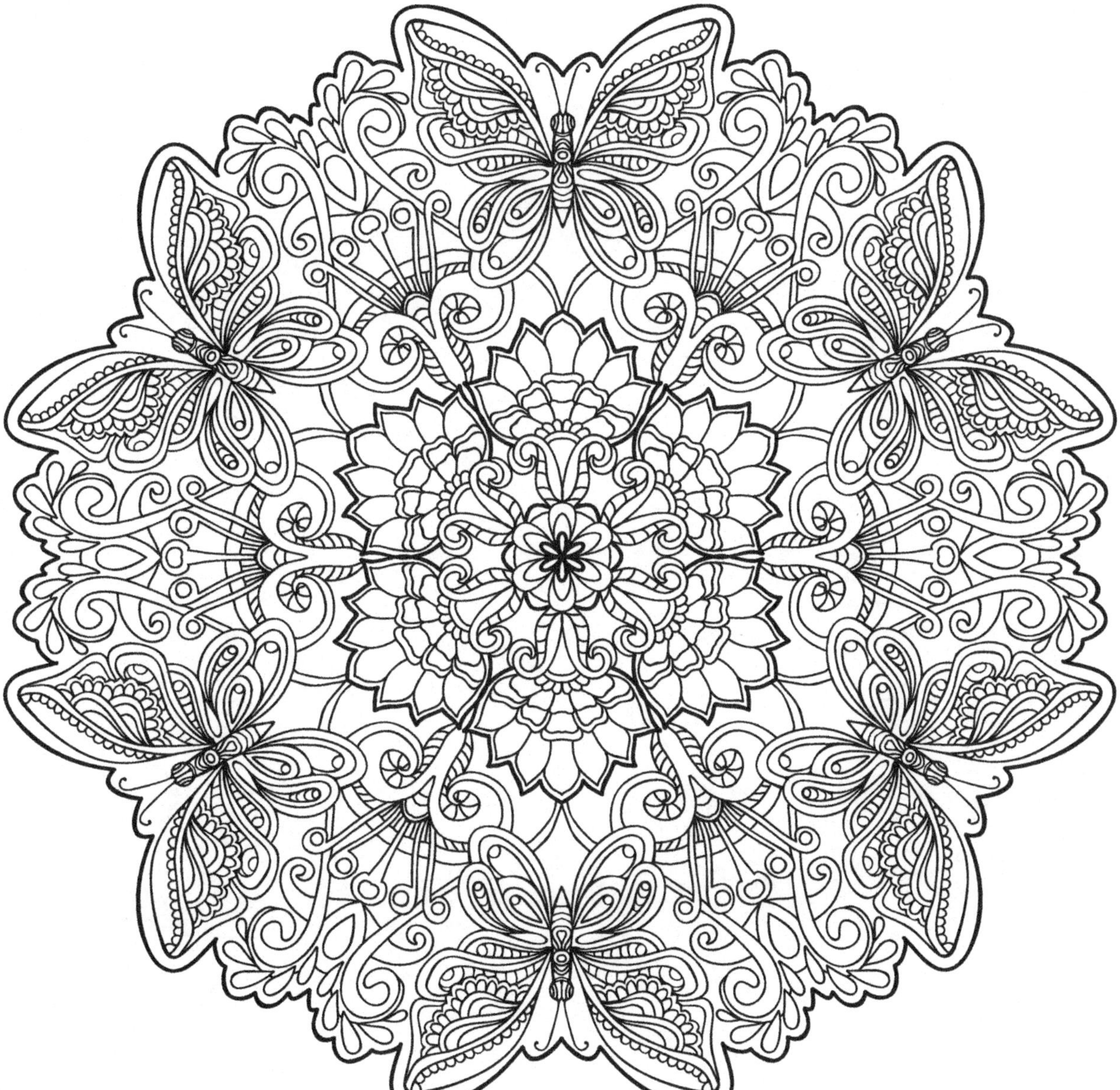

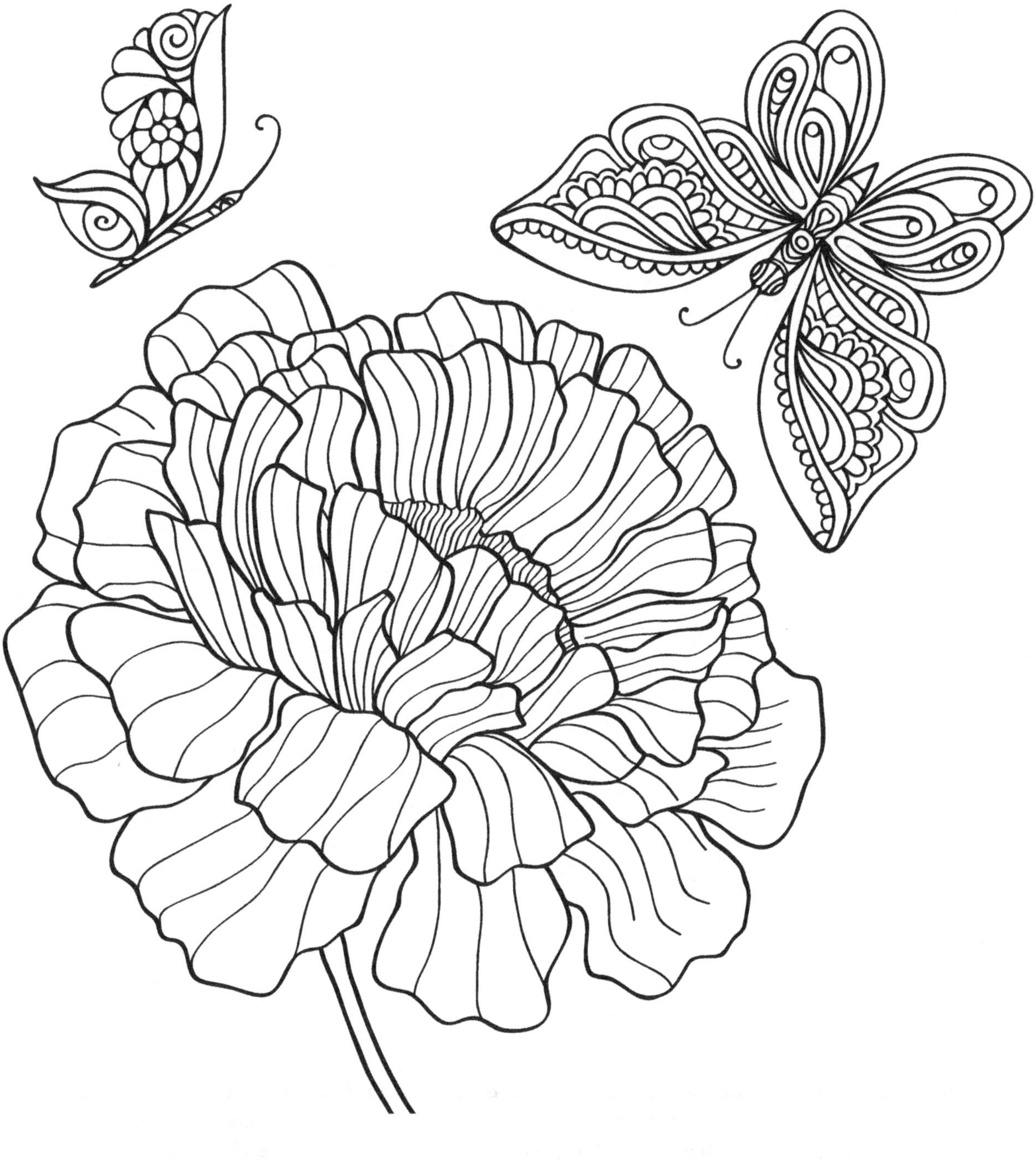

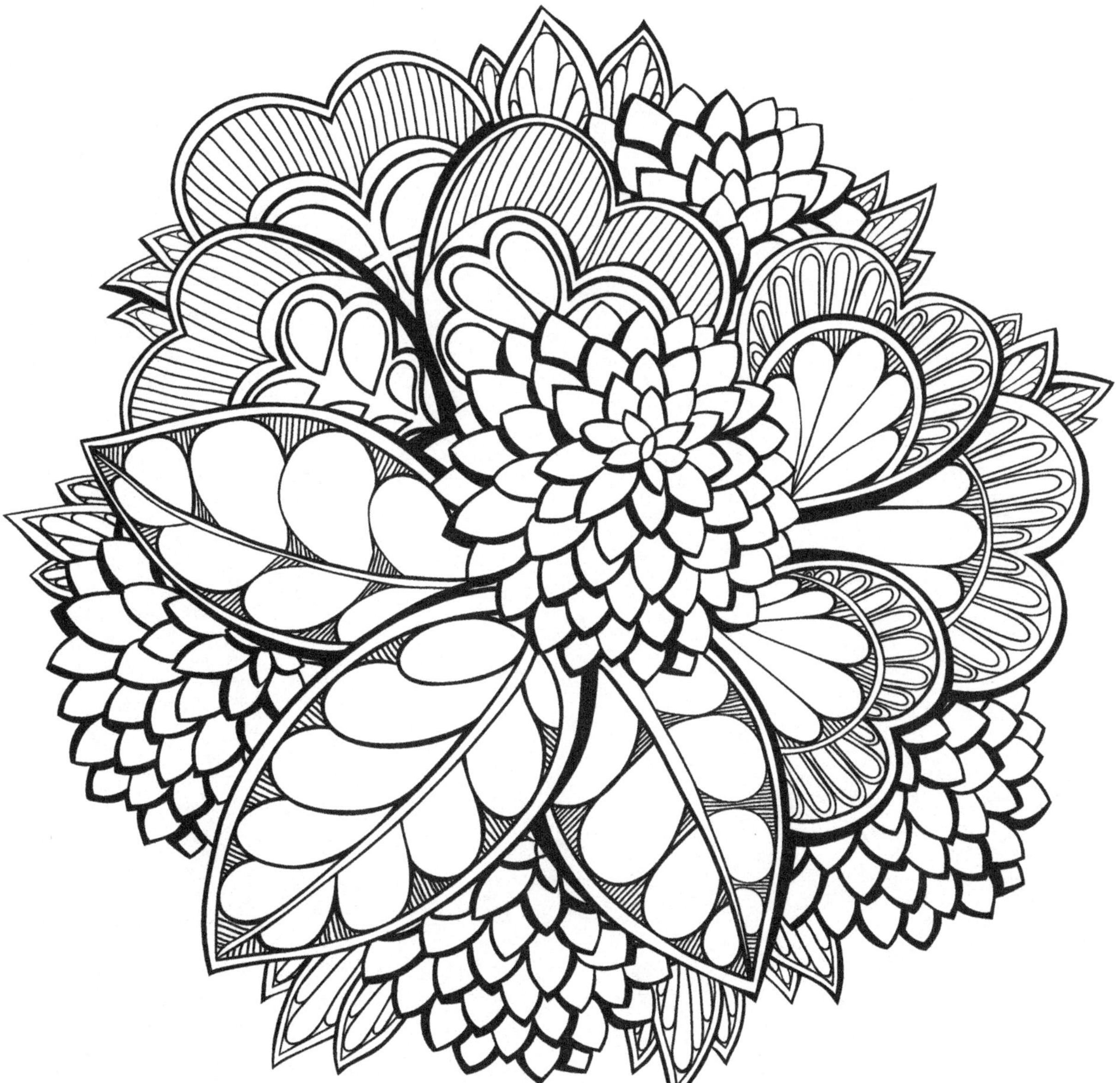

Se trata de un sangrado a través de la página si está usando un colorante marcador o pluma!
Encontrar otros títulos grandes por busca de Bandido Para Colorear en tu favorito libro minorista
Amazon.Ca | Barnes & Noble (BN.Com) | Libros 1 Millón (BAM.Com)

COLORING
BANDIT

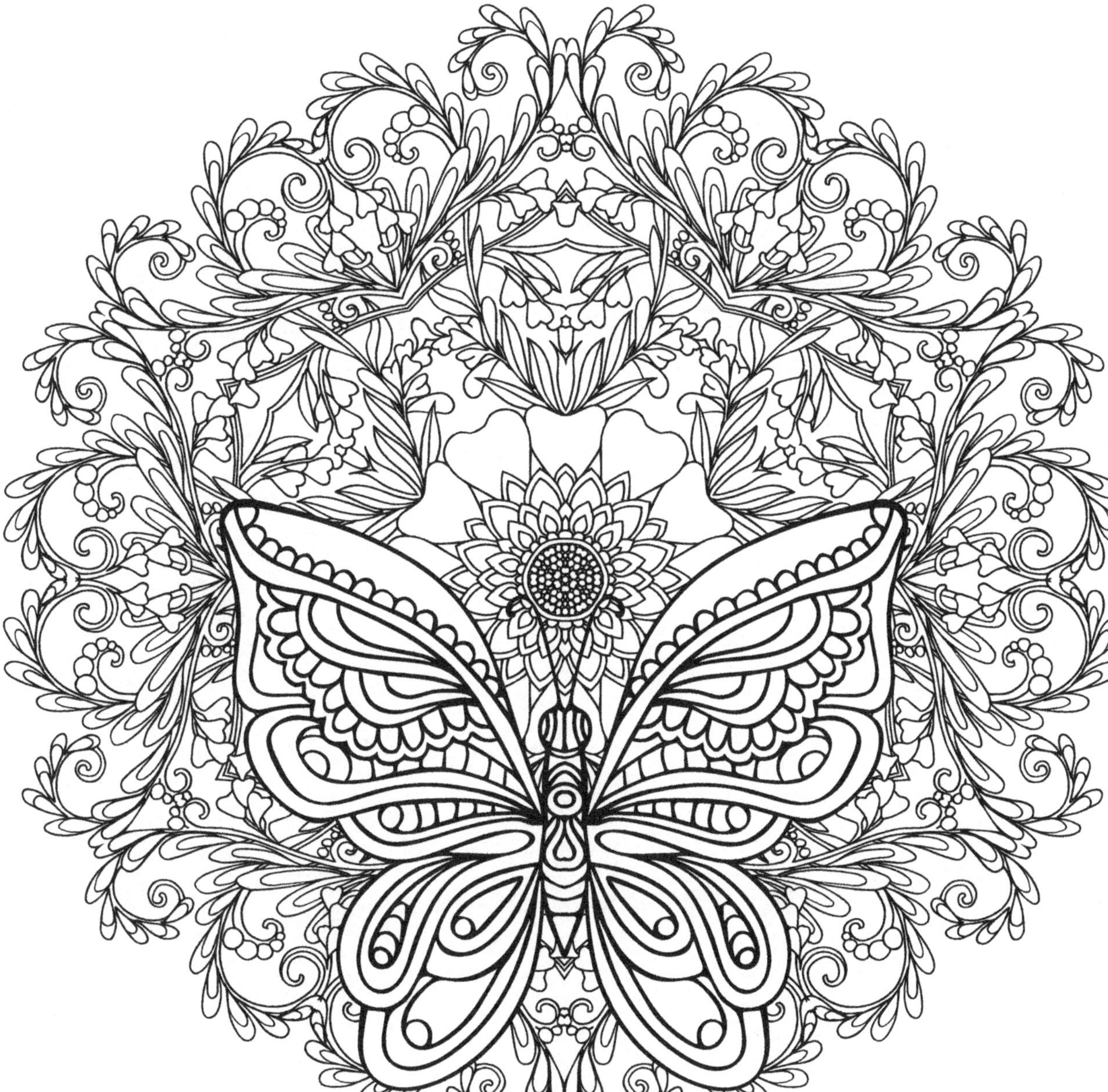

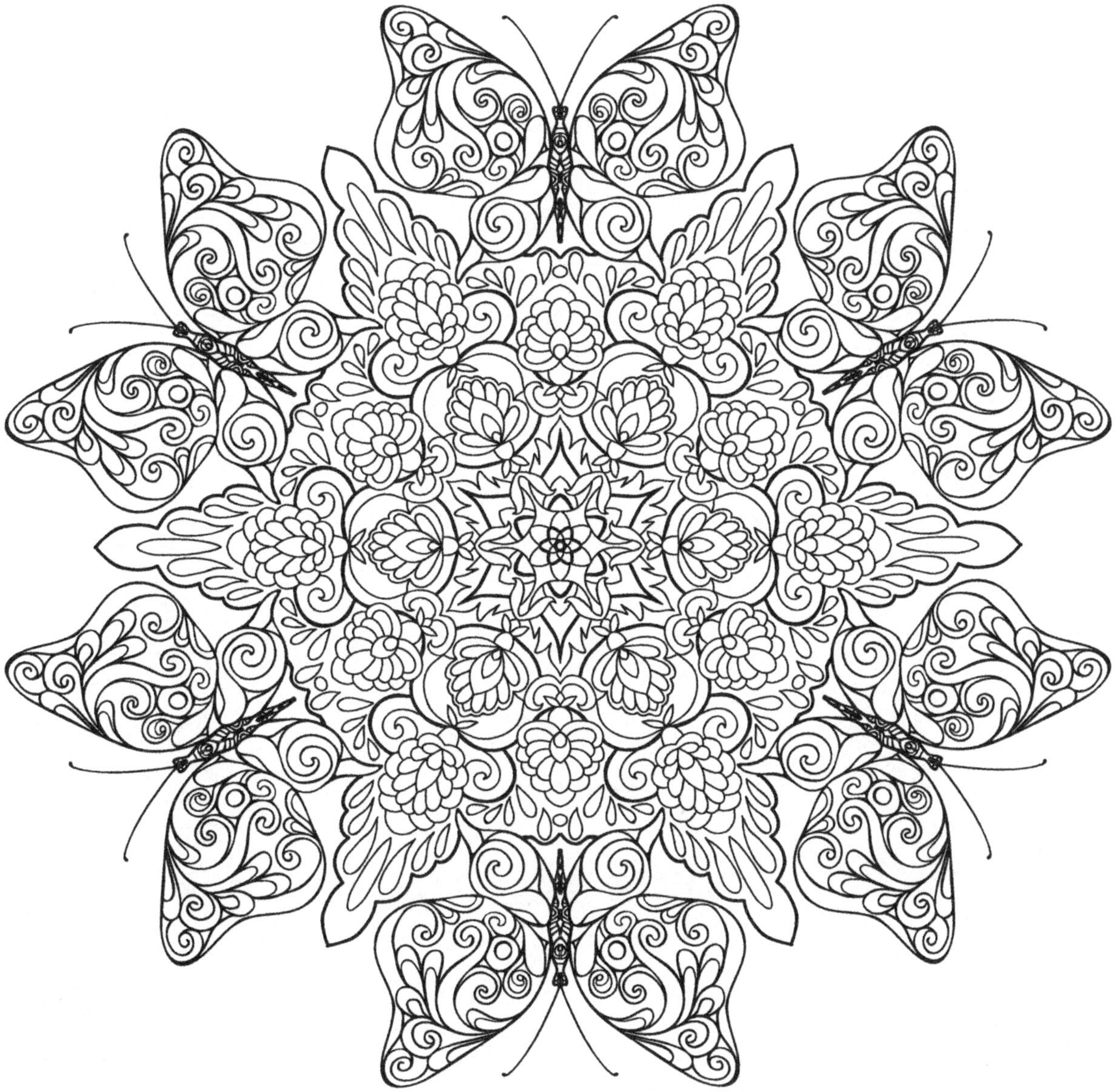

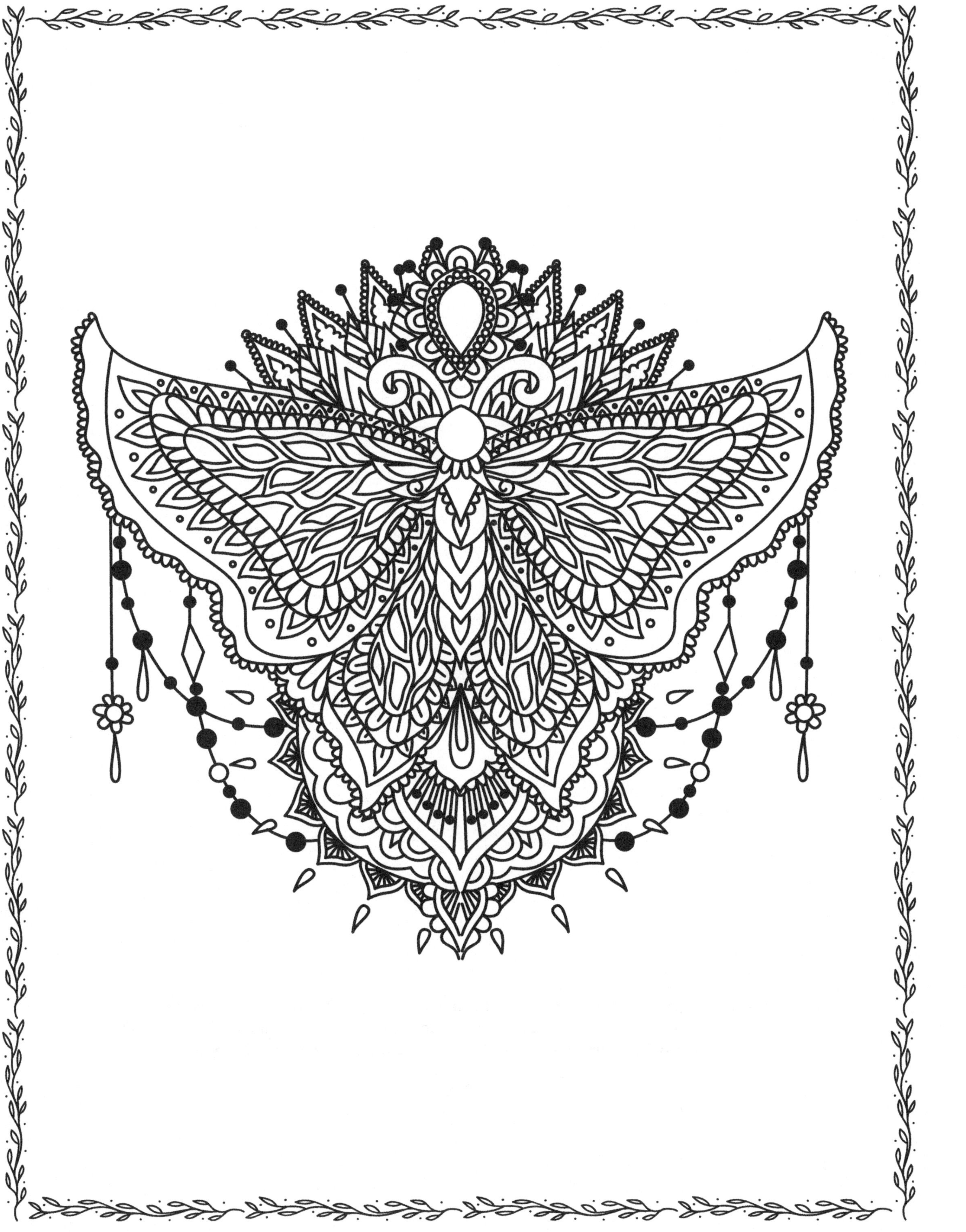

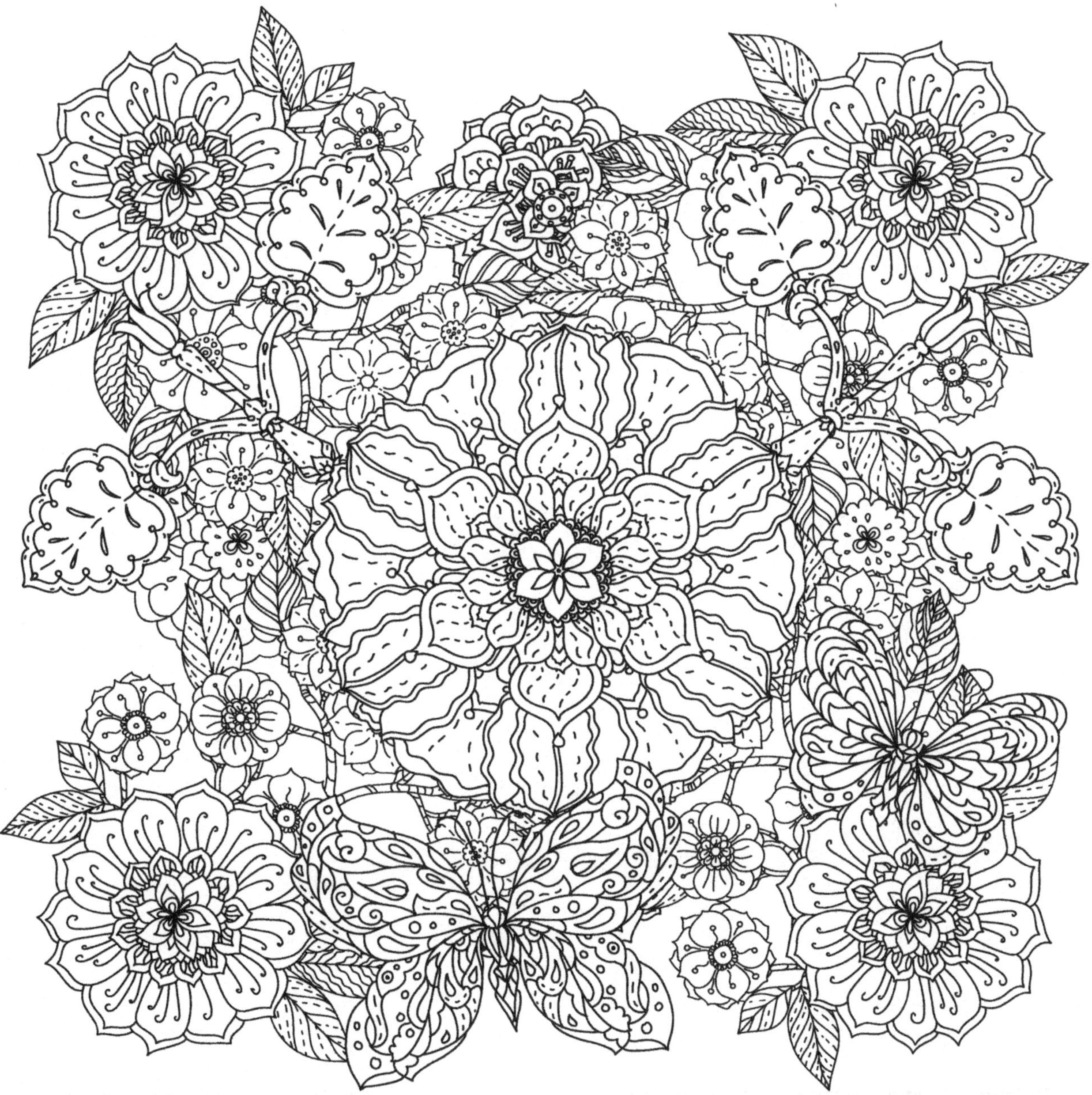

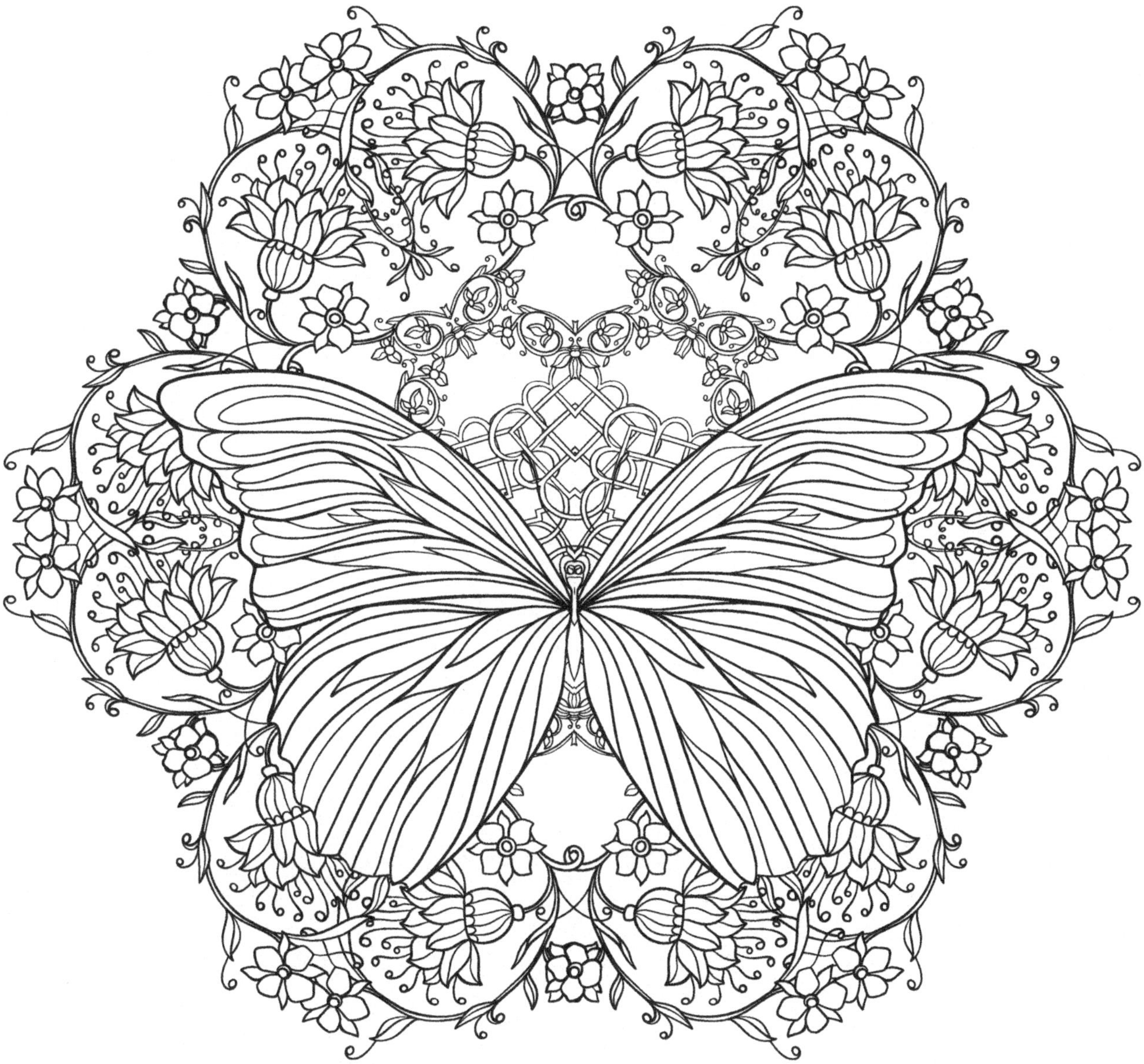

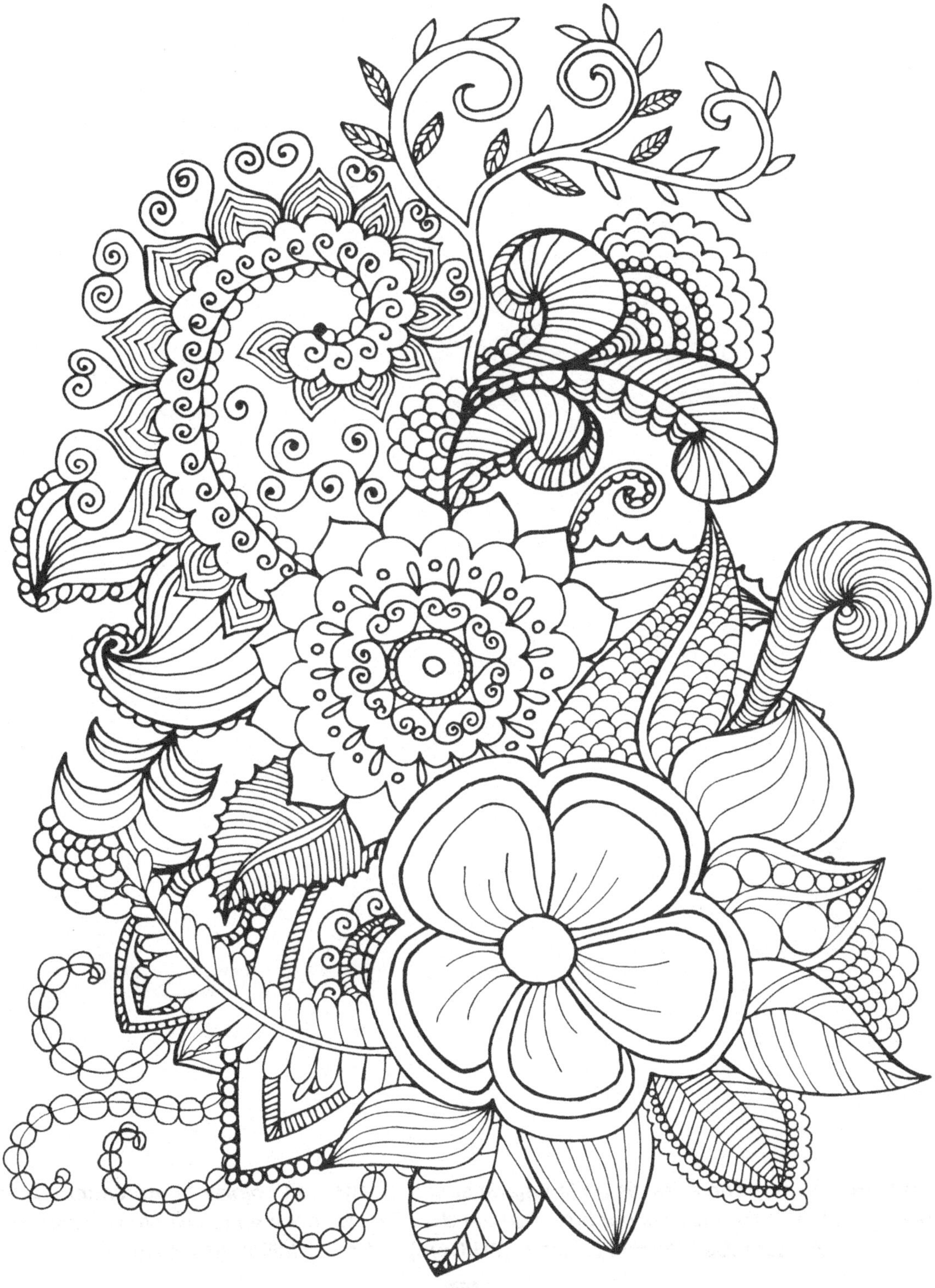

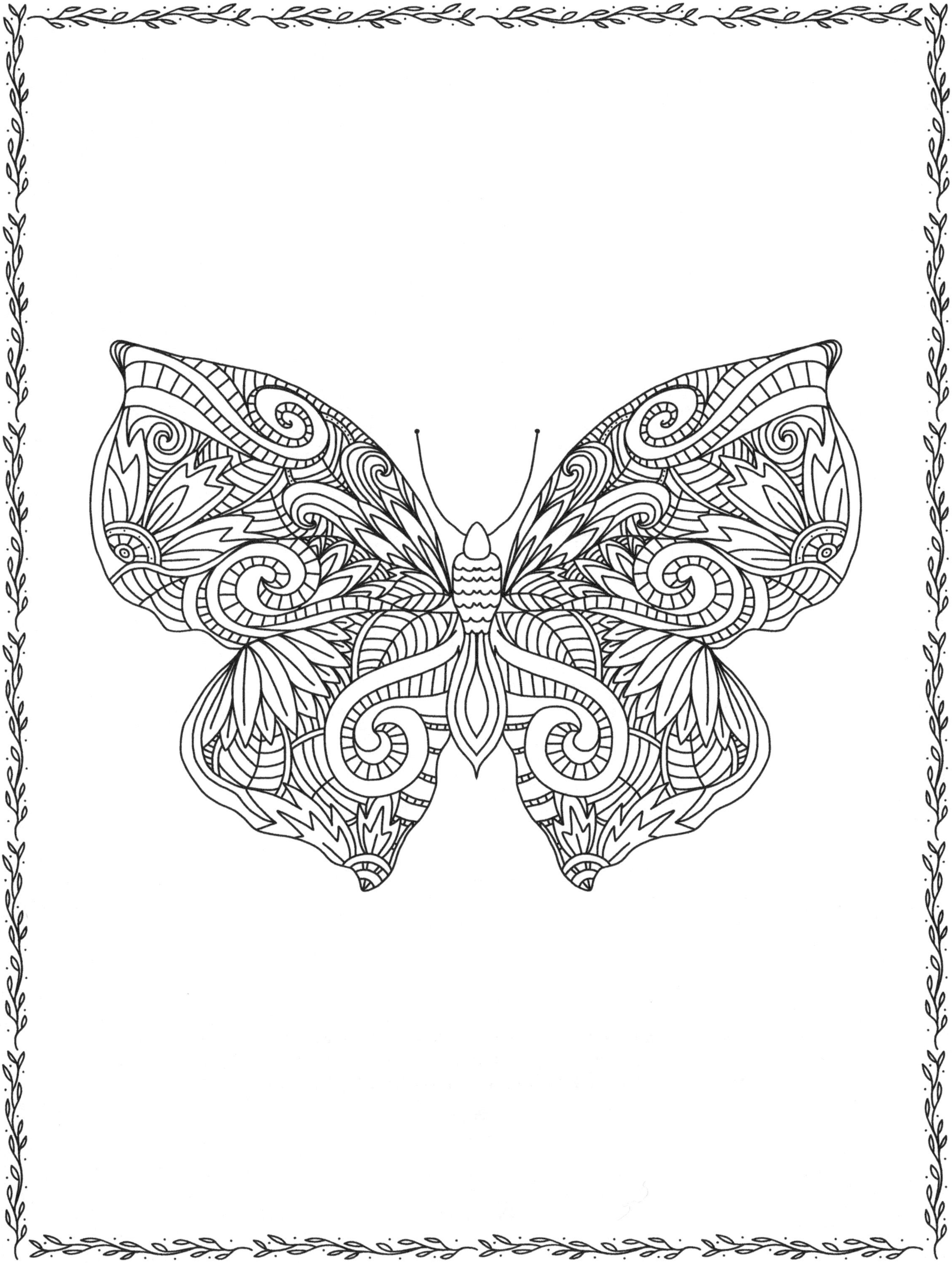

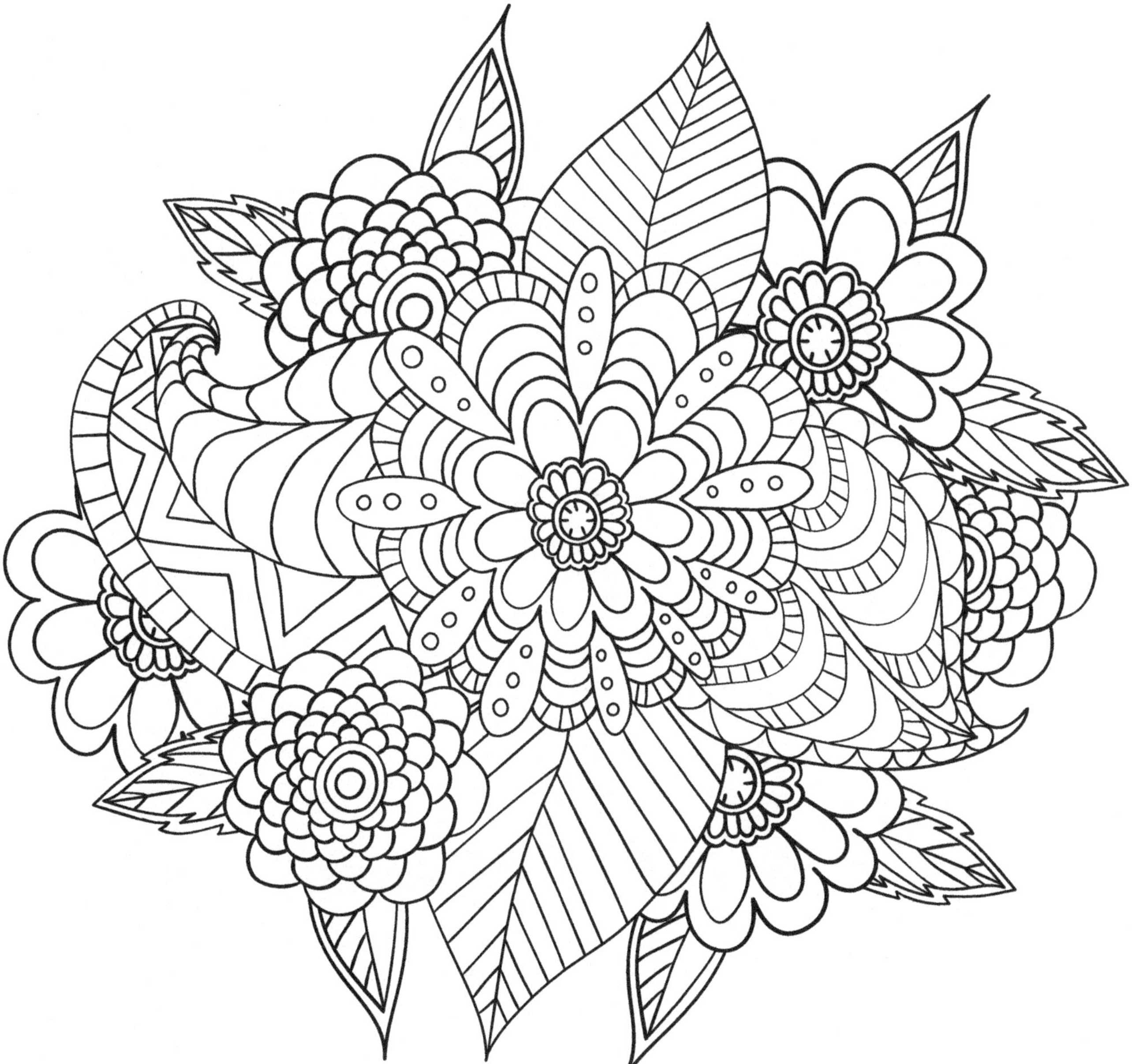

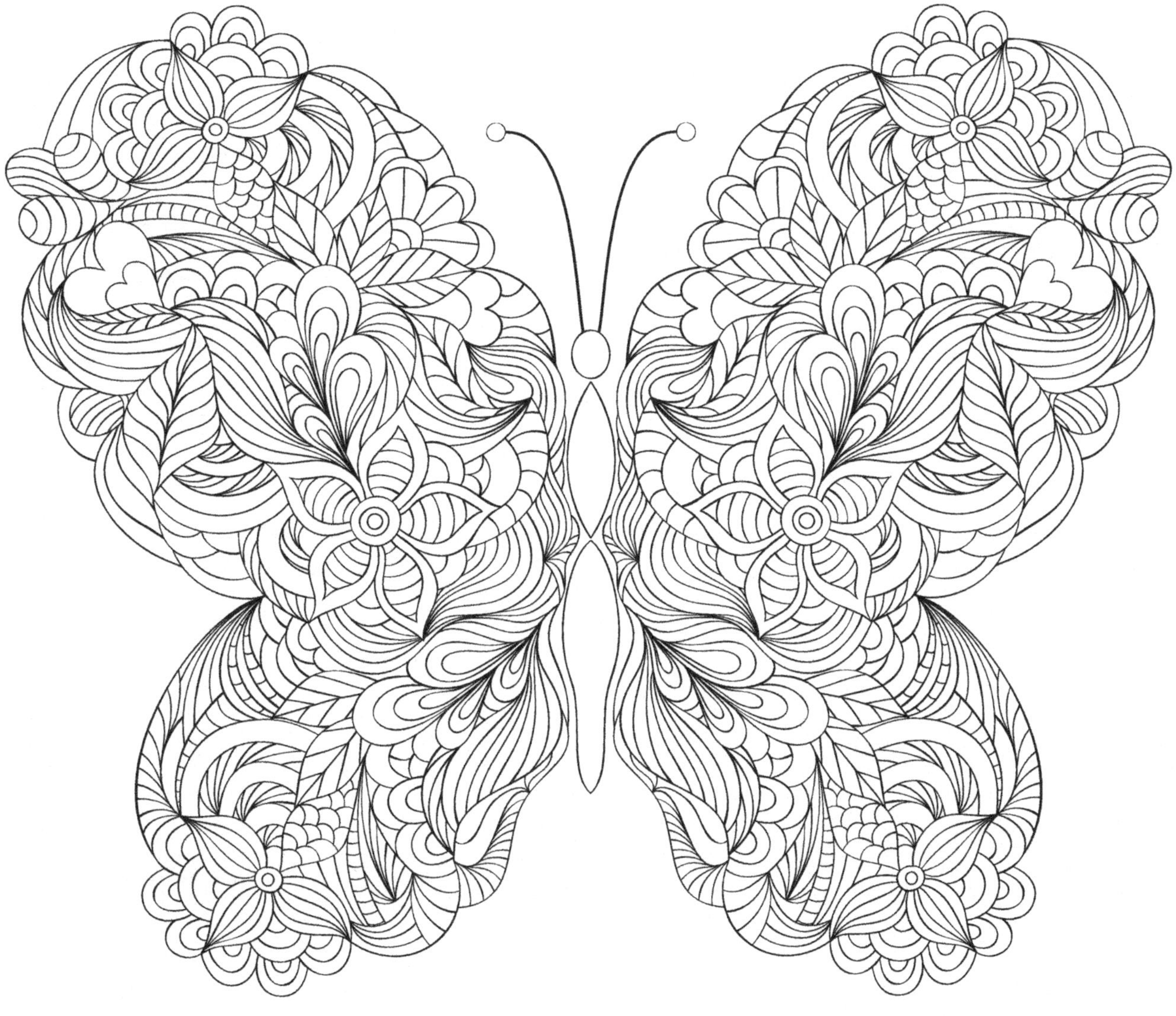

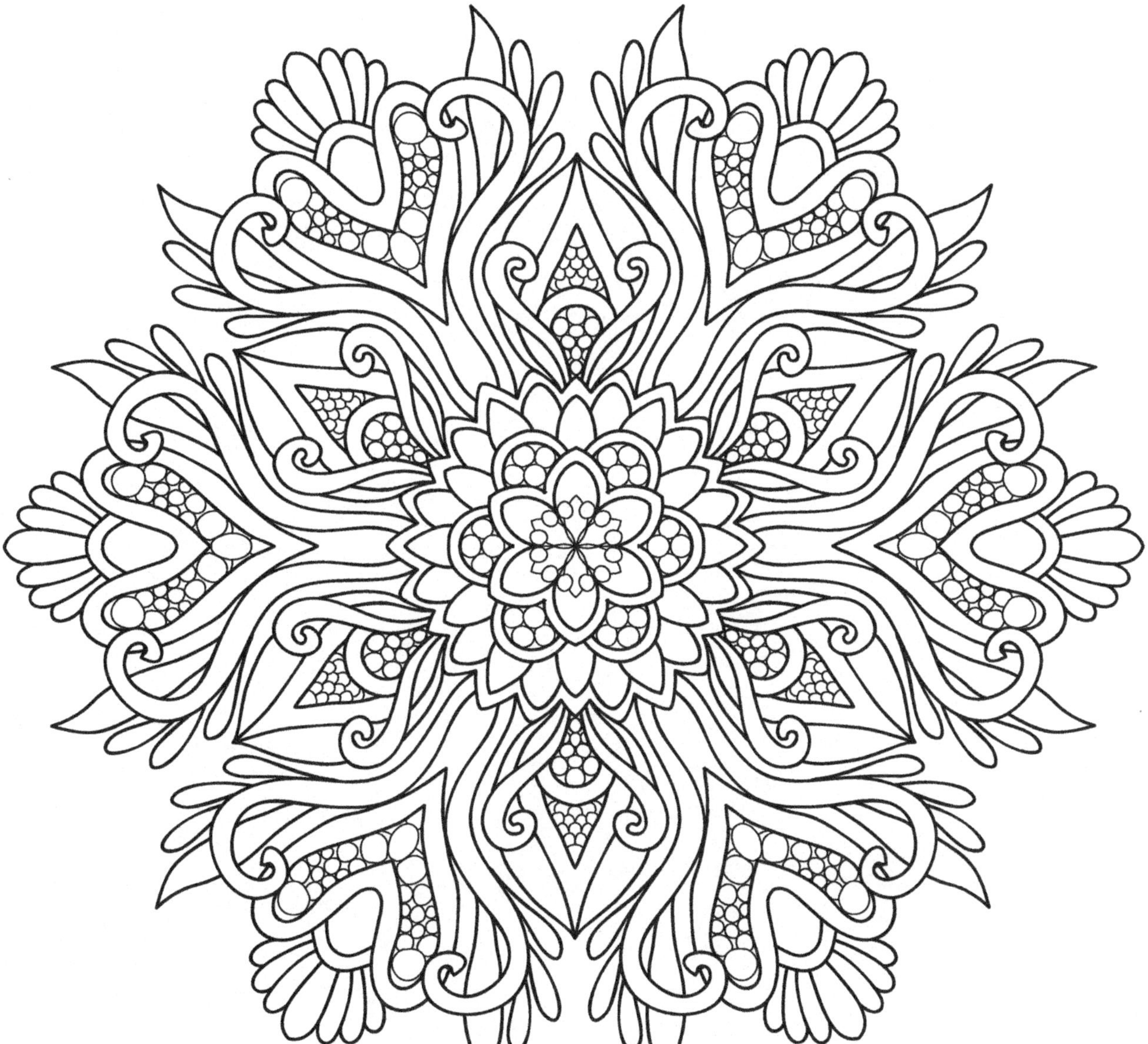

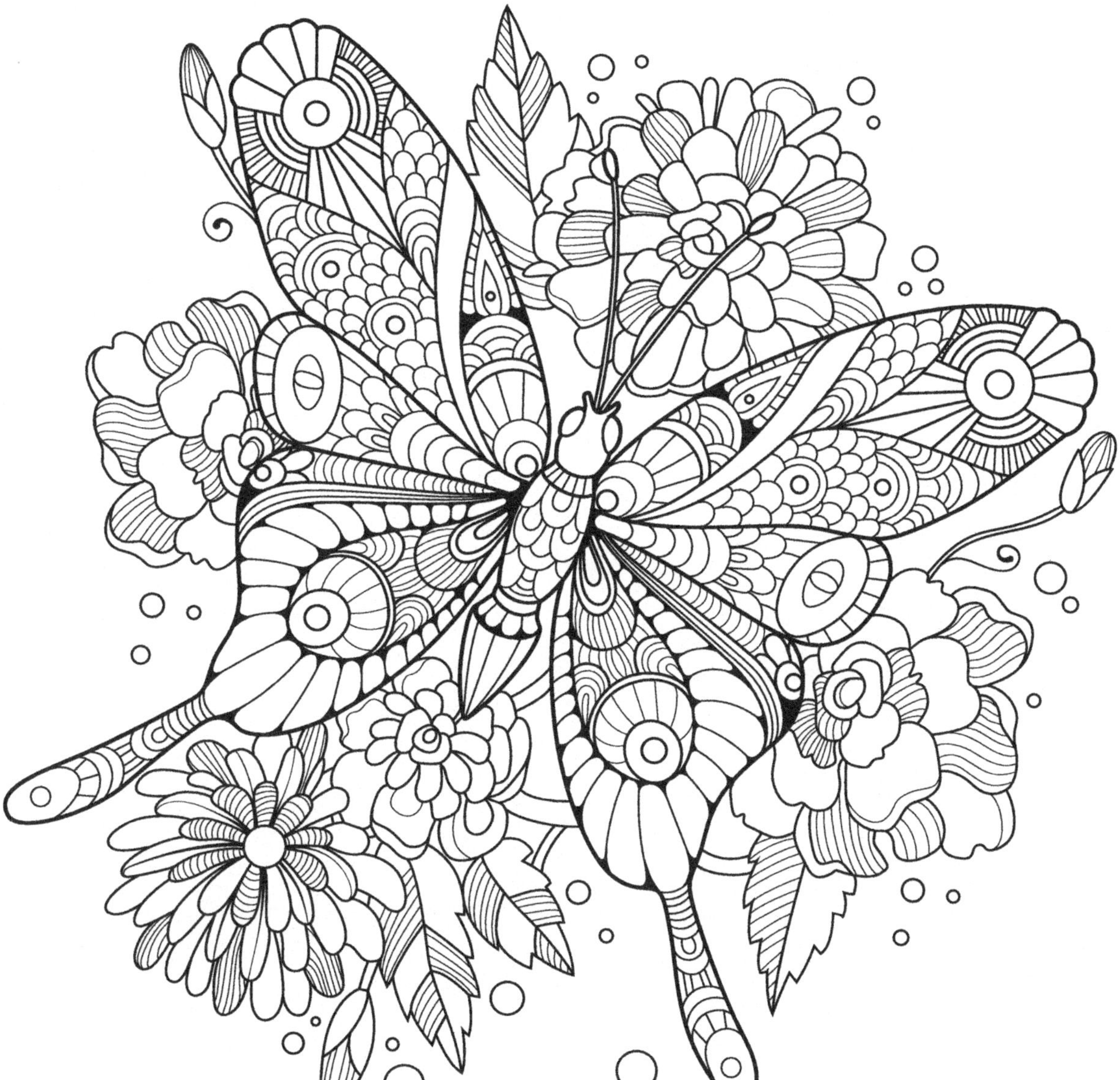

Se trata de un sangrado a través de la página si está usando un colorante marcador o pluma!

Encontrar otros títulos grandes por busca de Bandido Para Colorear en tu favorito libro minorista

Amazon.Ca | Barnes & Noble (BN.Com) | Libros 1 Millón (BAM.Com)

COLORING BANDIT

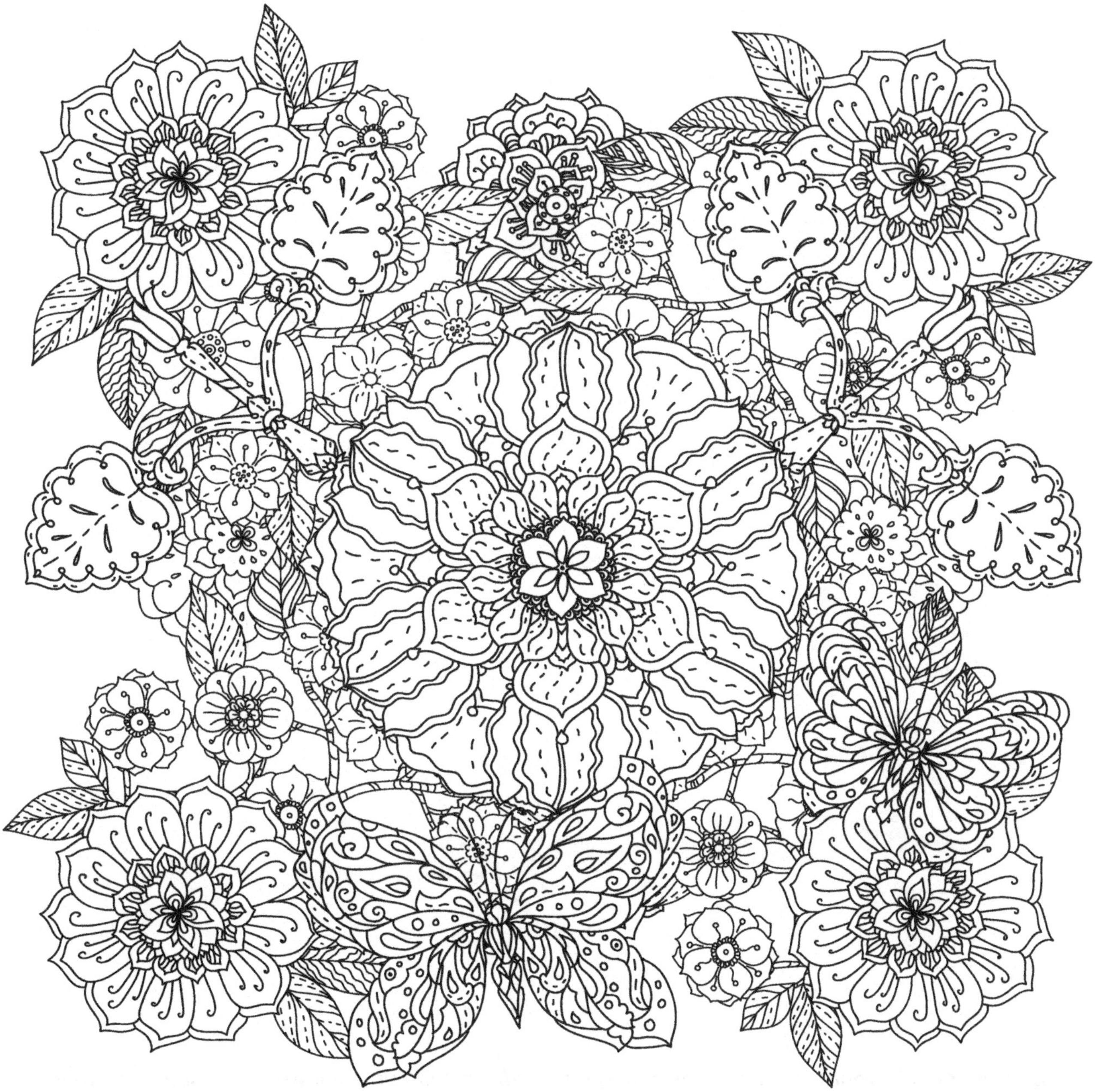

Se trata de un sangrado a través de la página si está usando un colorante marcador o pluma!

Encontrar otros títulos grandes por busca de Bandido Para Colorear en tu favorito libro minorista

Amazon.Ca | Barnes & Noble (BN.Com) | Libros 1 Millón (BAM.Com)

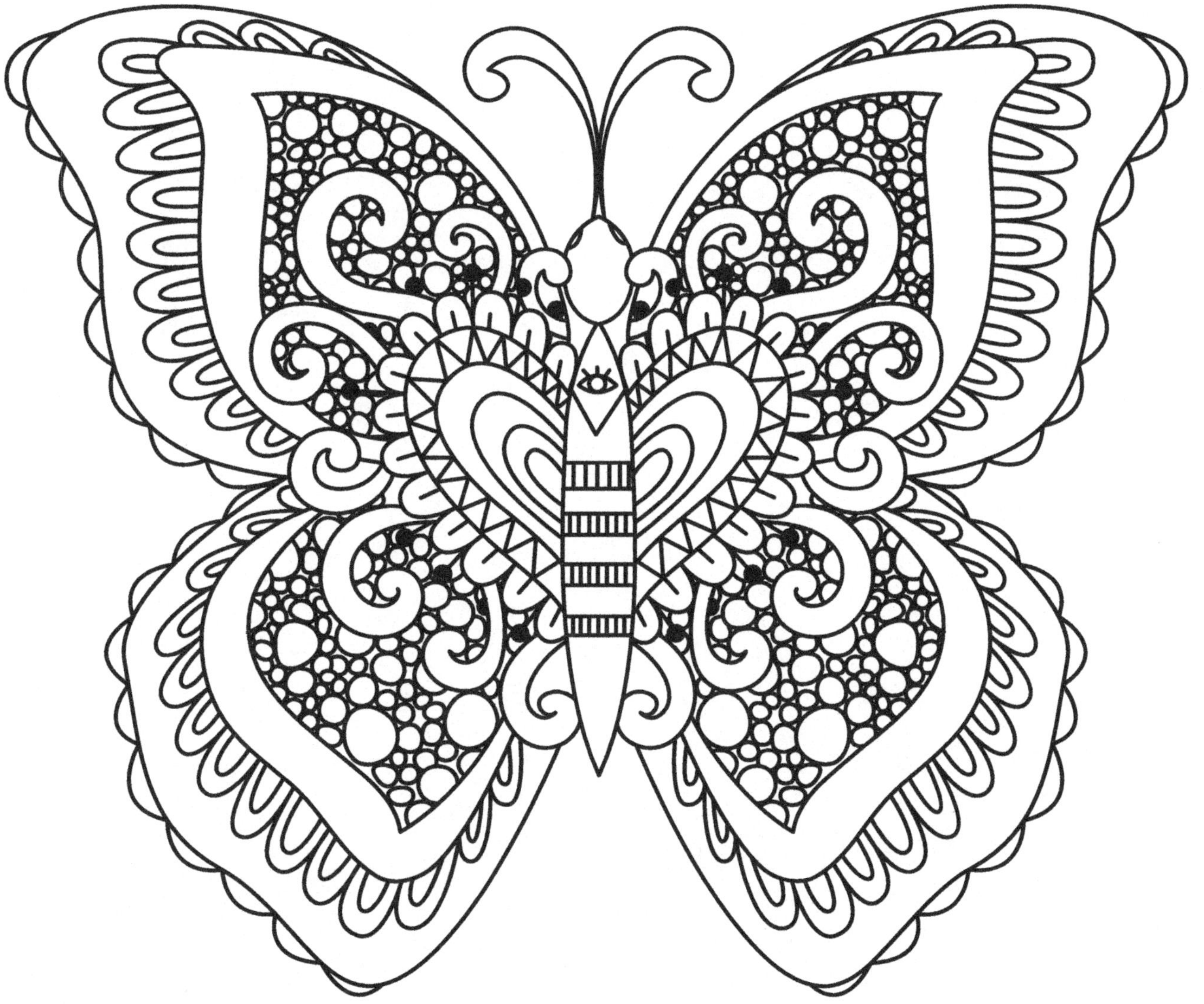

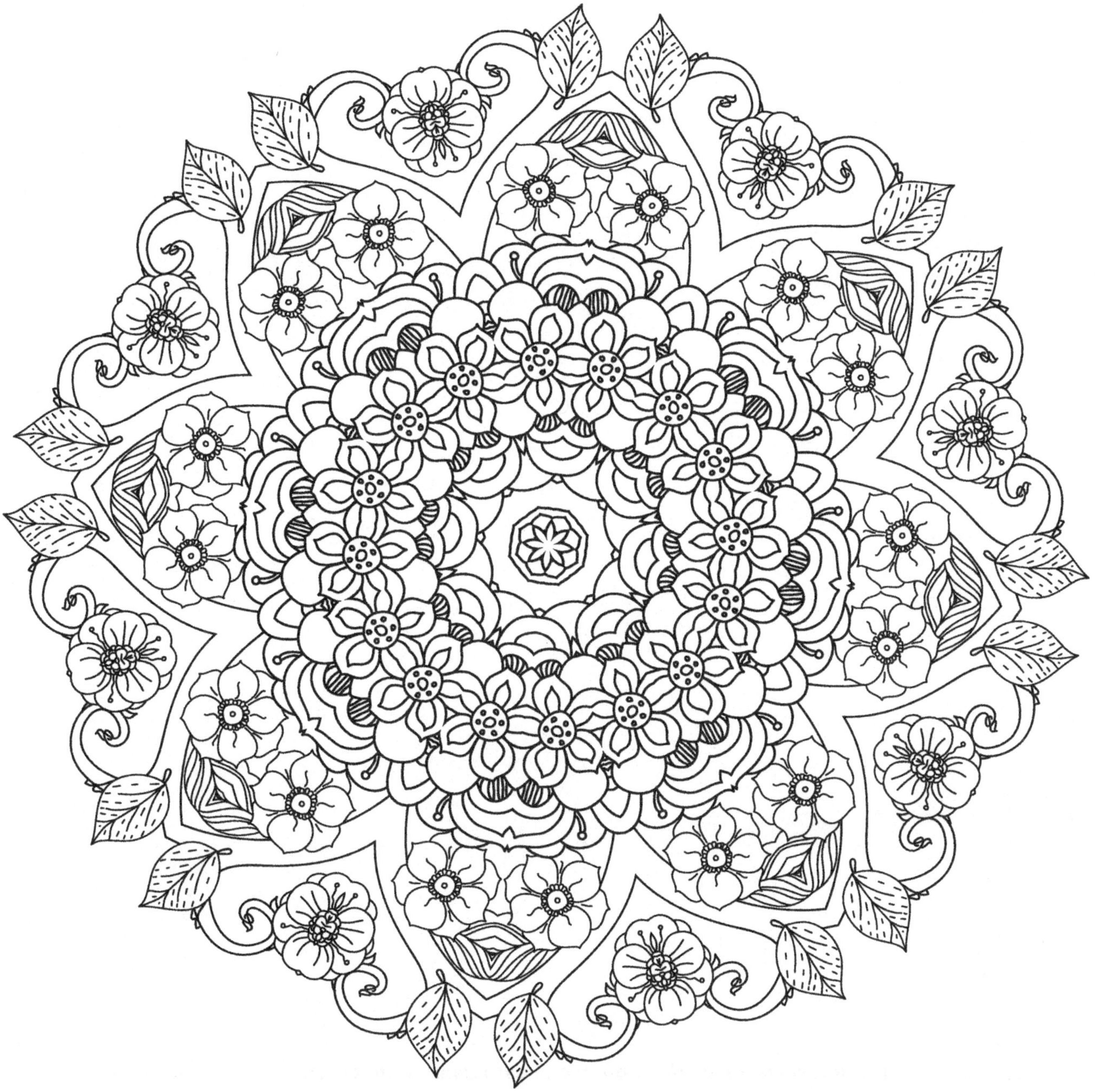

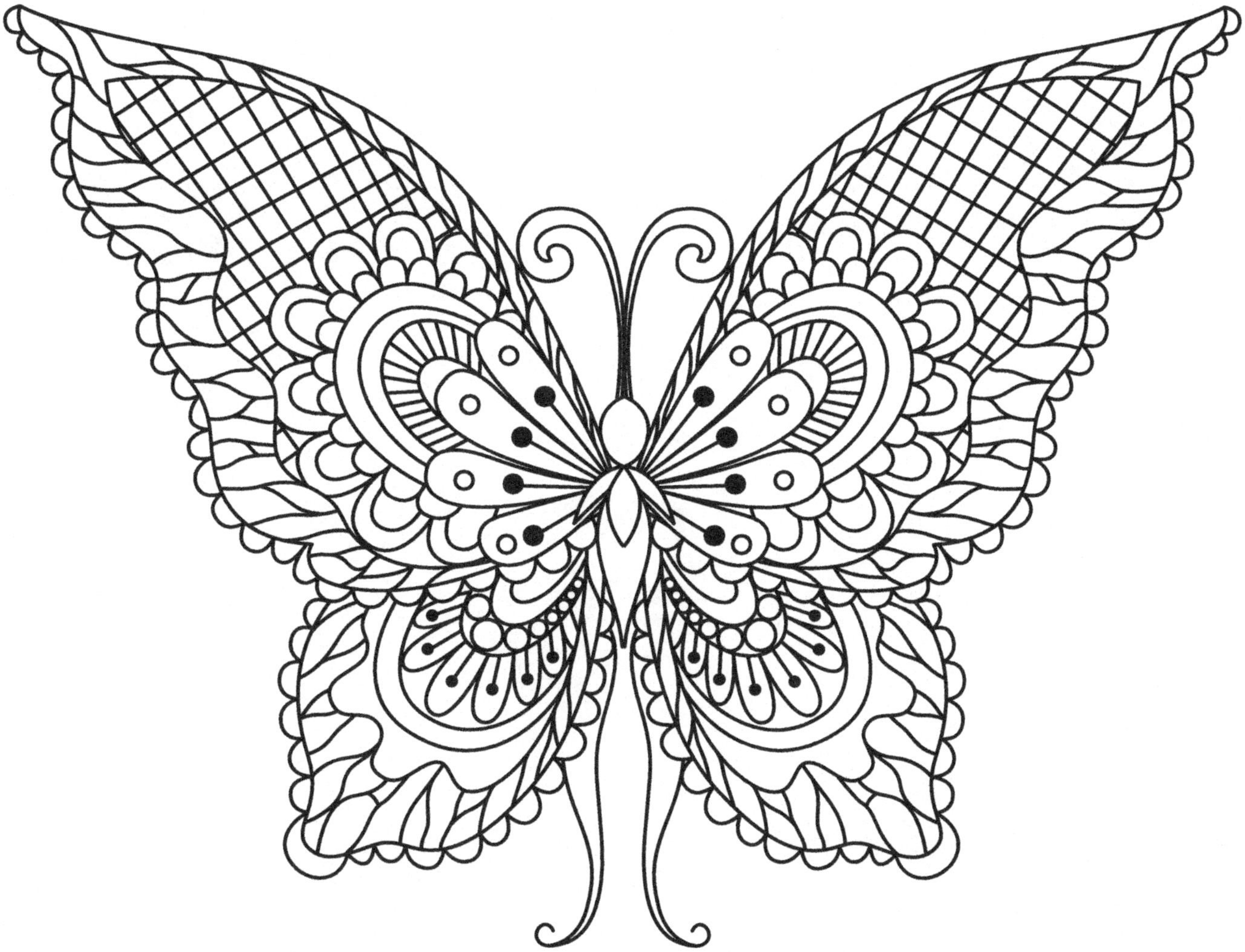

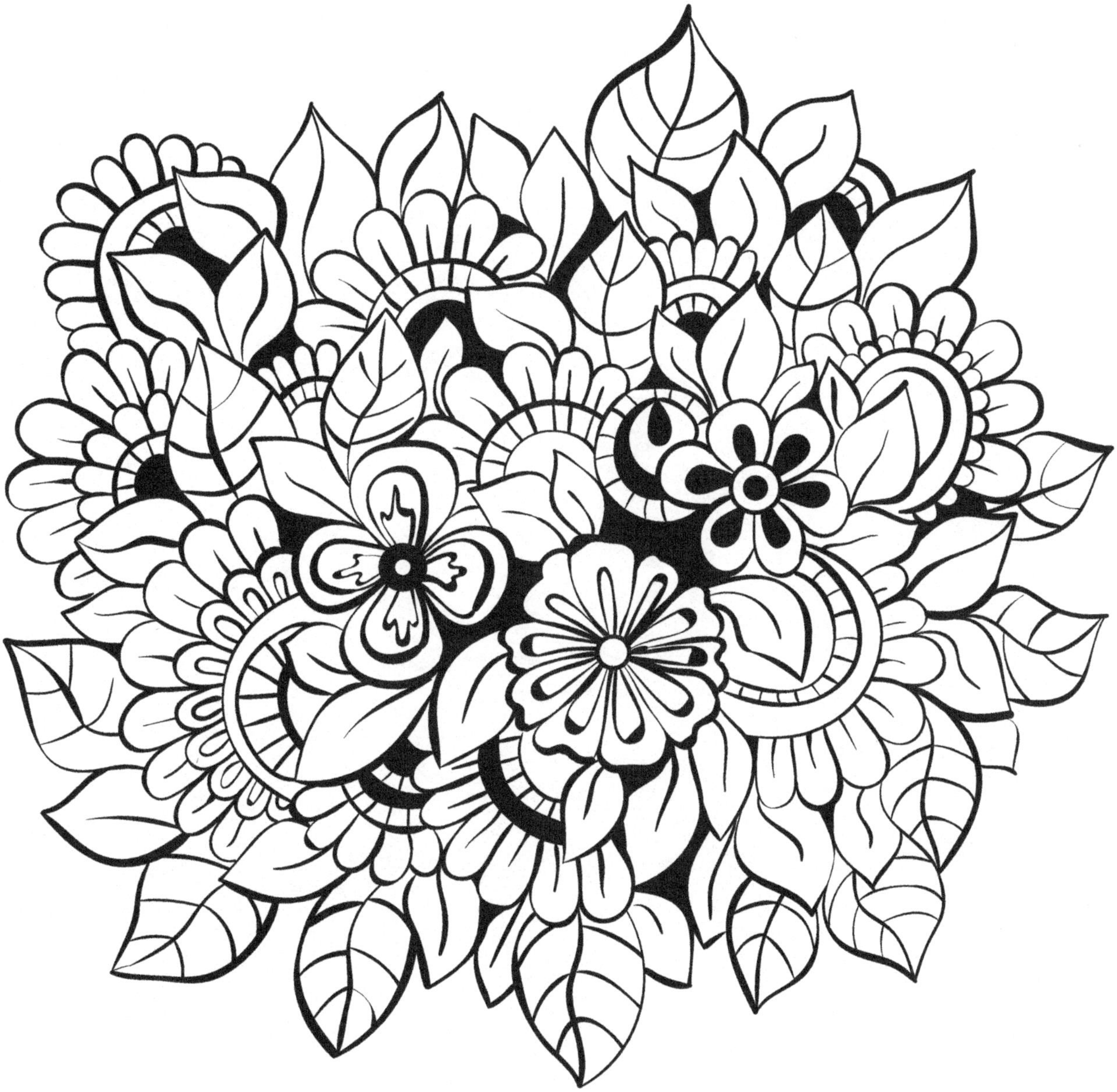

Se trata de un sangrado a través de la página si está usando un colorante marcador o pluma!
Encontrar otros títulos grandes por busca de Bandido Para Colorear en tu favorito libro minorista
Amazon.Ca | Barnes & Noble (BN.Com) | Libros 1 Millón (BAM.Com)

COLORING BANDIT

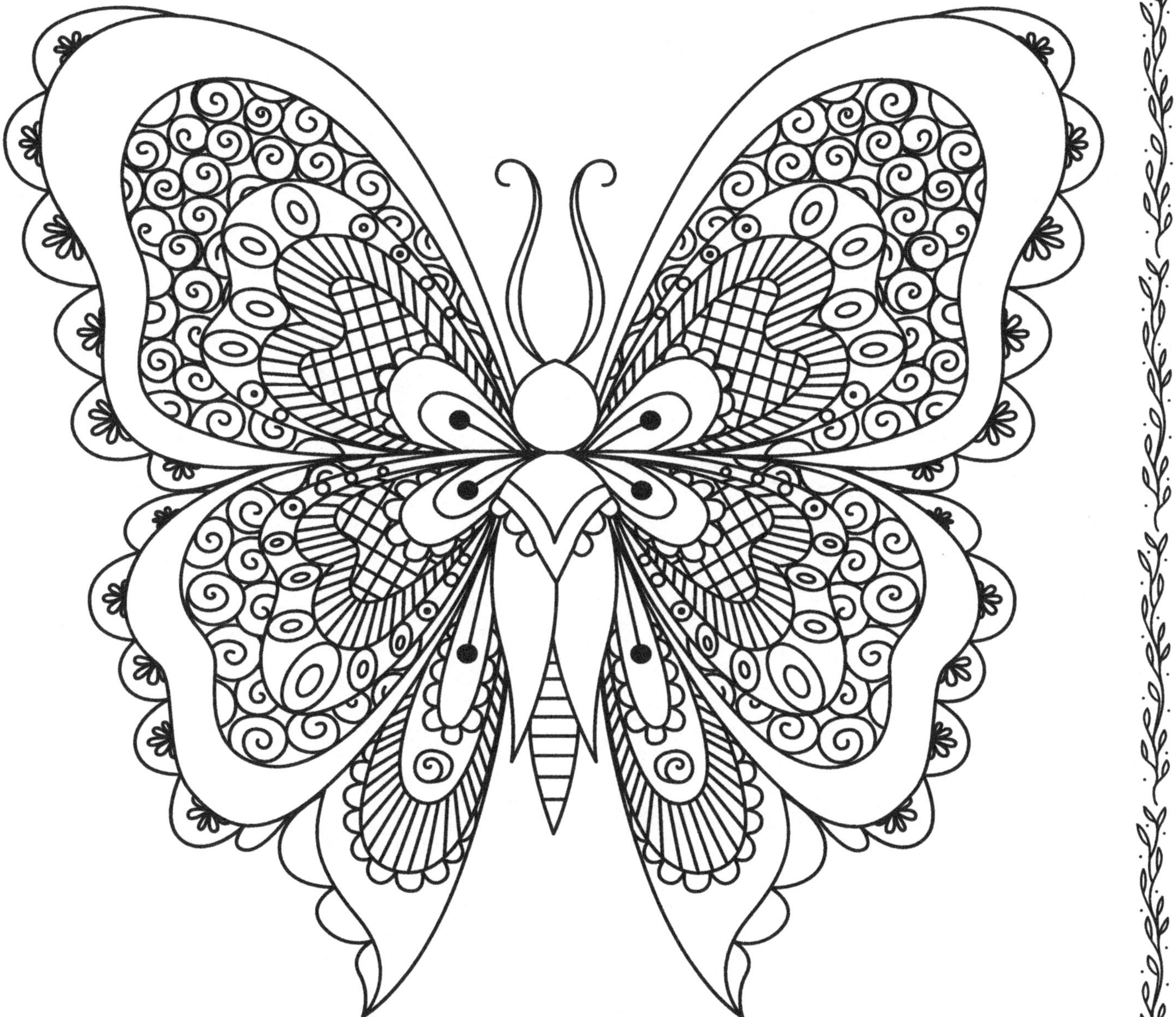

Se trata de un sangrado a través de la página si está usando un colorante marcador o pluma!

Encontrar otros títulos grandes por busca de Bandido Para Colorear en tu favorito libro minorista

Amazon.Ca | Barnes & Noble (BN.Com) | Libros 1 Millón (BAM.Com)

COLORING
BANDIT

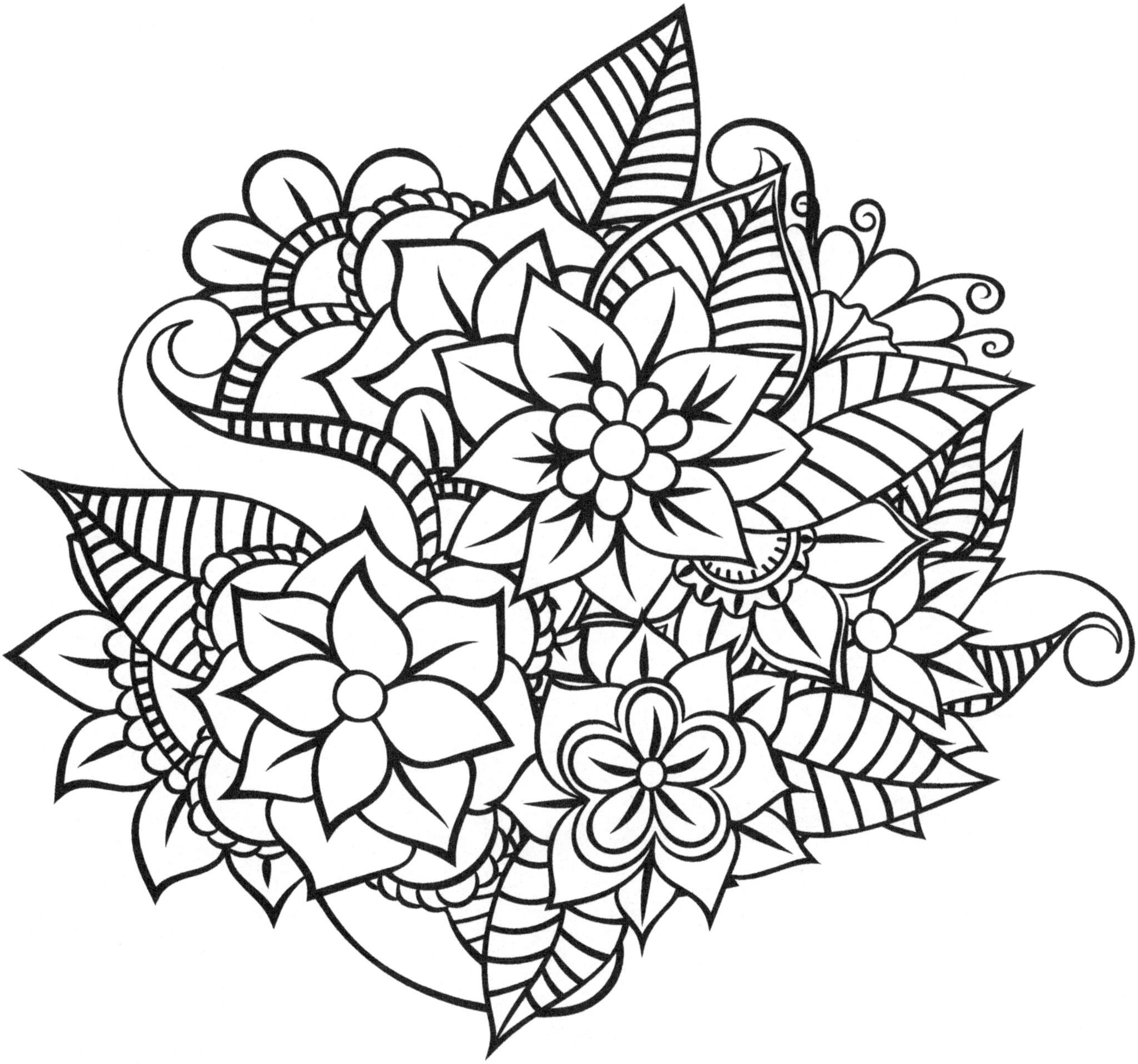

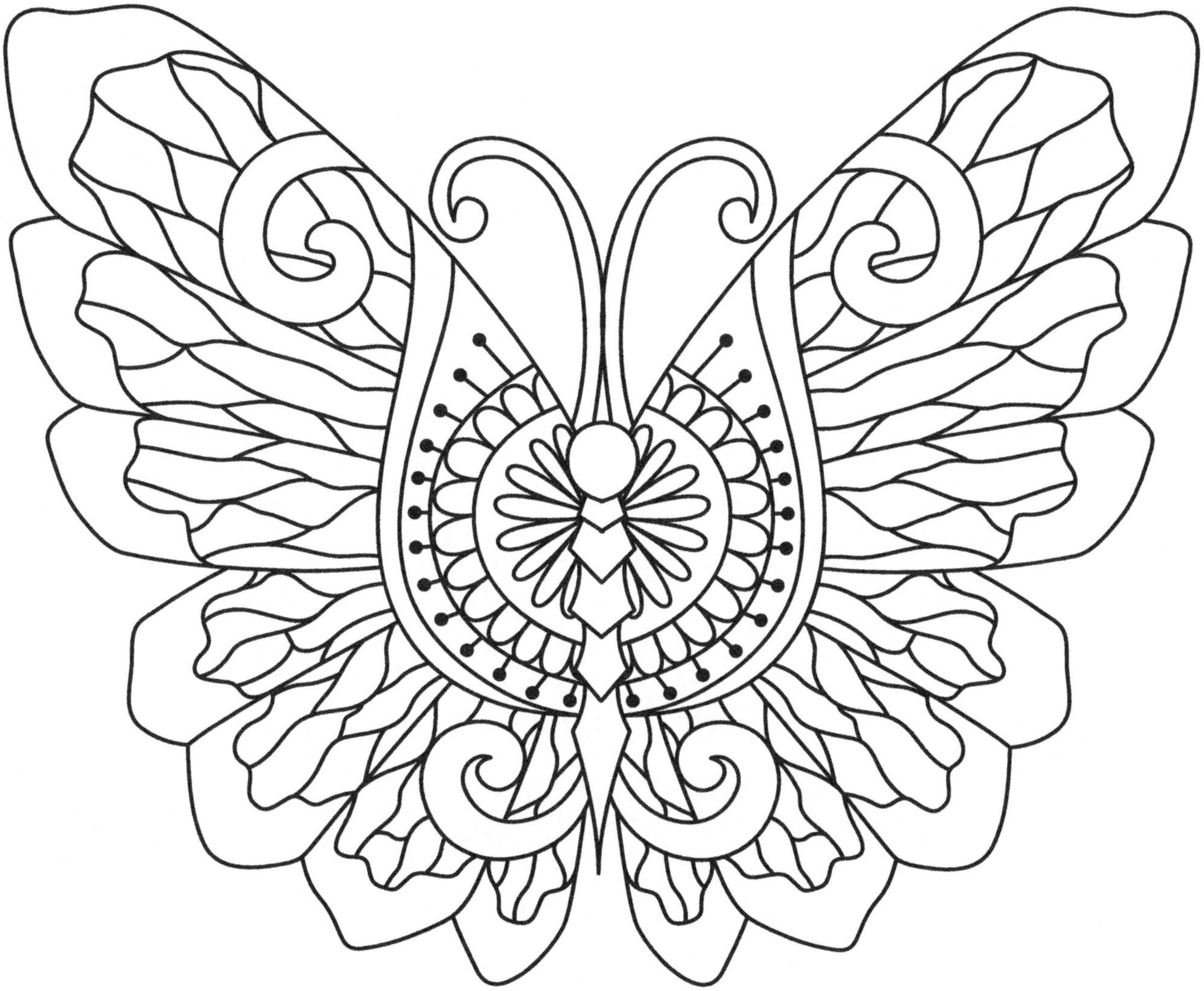

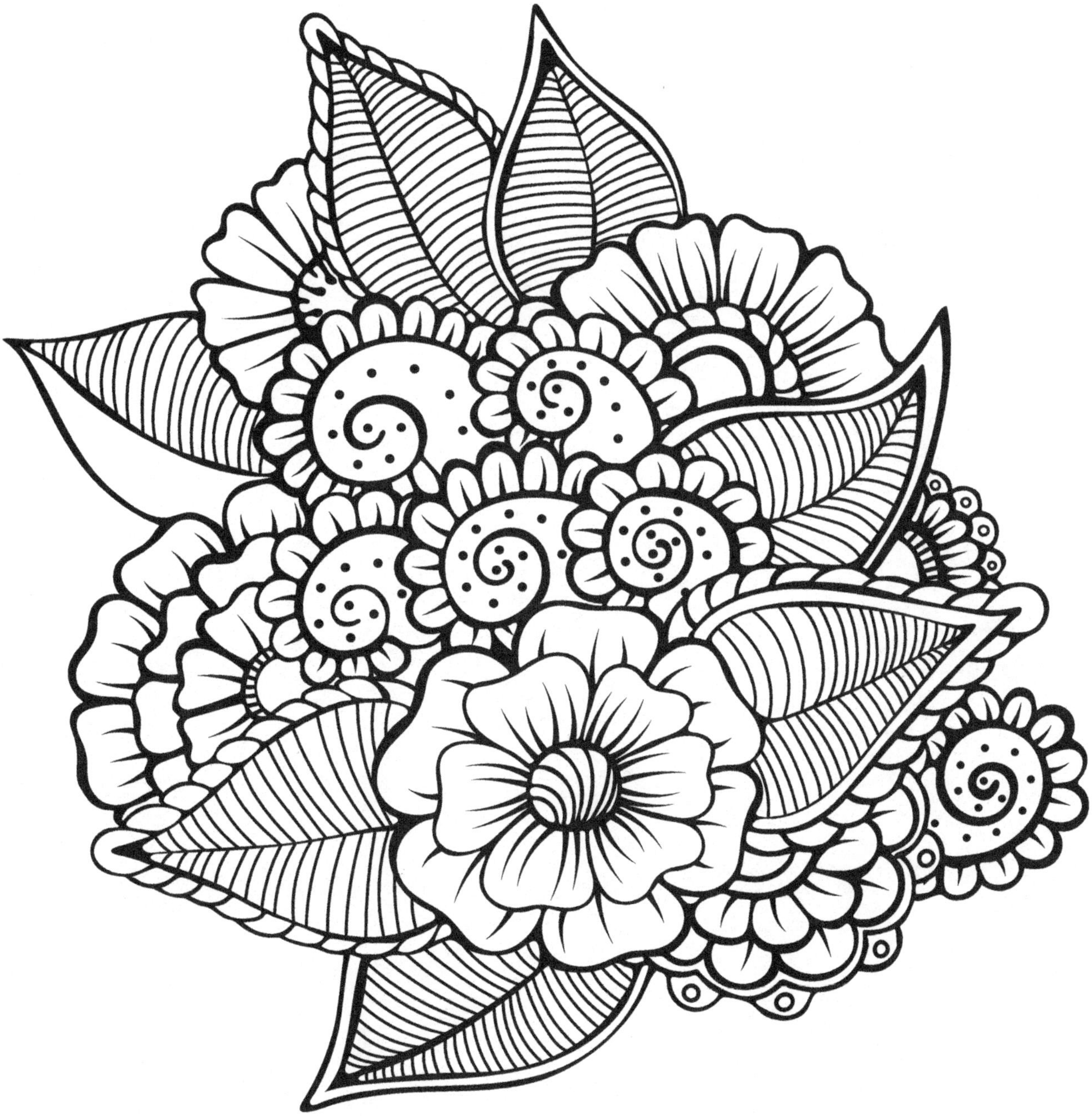

Made in the USA
Monee, IL
07 July 2026

56546068R00037